JN001450

なぜうまくいく人は「ひとり言」が多いのか？

Why do successful people often talk to themselves?

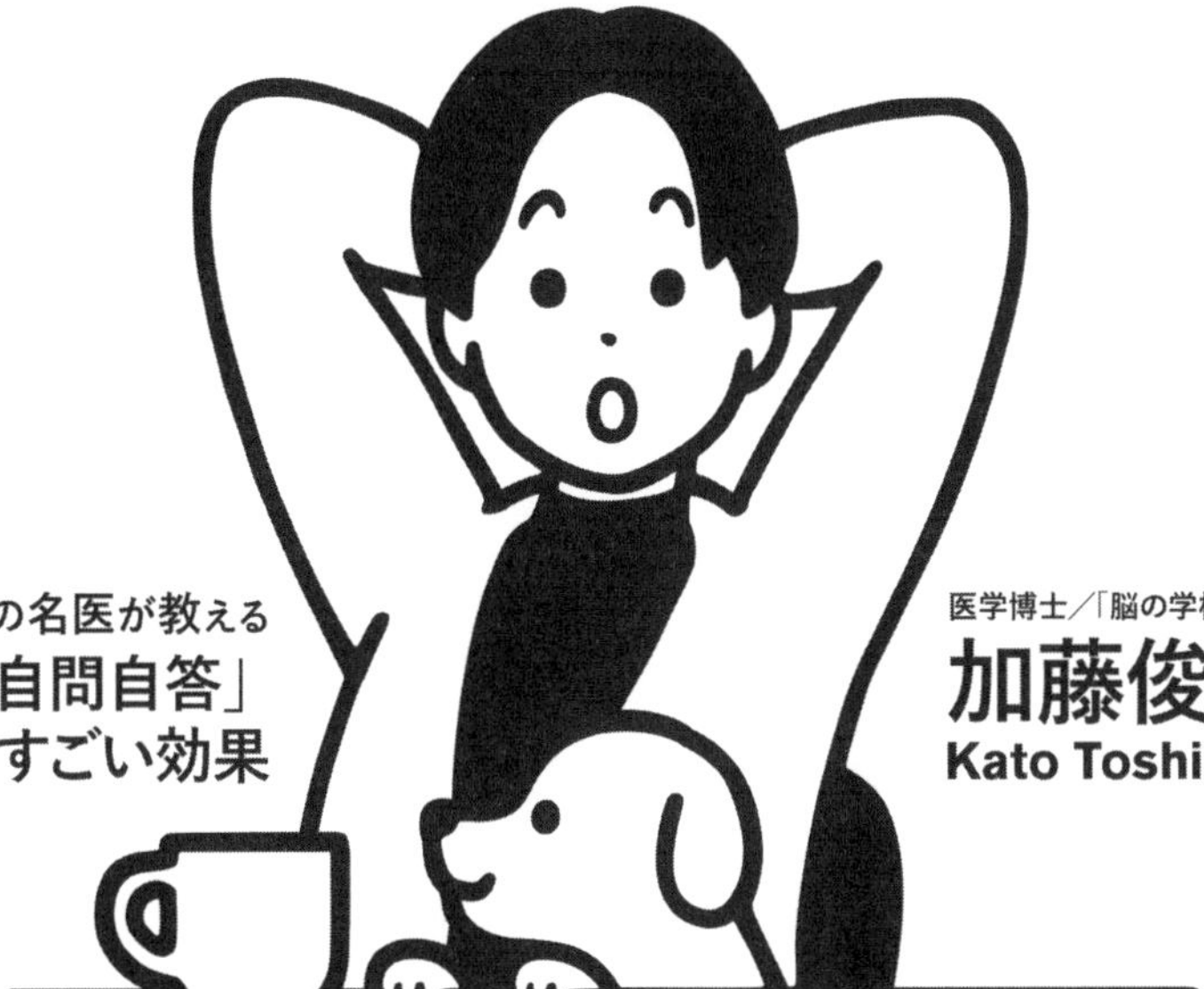

脳の名医が教える「自問自答」のすごい効果

医学博士／「脳の学校」代表
加藤俊徳
Kato Toshinori

CROSSMEDIA PUBLISHING

はじめに

皆さんは「ひとり言」をよく話す方ですか？

私自身は、けっこうひとり言をつぶやく方だと思います。家族に言わせると、いつもブツブツつぶやいているらしい。


「えー、それってどういうこと？」

「いやいや、おかしいんじゃないの」

「そうか、そういうことね……」


無意識に、いろいろと言葉を発してしまうのです。もちろん、意識しながら、あえてつぶやいていることもあります。

30歳くらいのとき、研究所で同僚に「加藤さんはひとり言が多いね」と指摘されたことがあります。

そのとき初めて、自分のひとり言を意識するようになりました。

ひとり言にはいい印象がない？

おそらくほとんどの人は、ひとり言をつぶやいている人に対して、**あまりいい印象を持たない**のではないかと思います。

自分の世界に入り込んでいるようで、ちょっと気持ち悪いなと感じる。あるいはたんに耳障りでうるさいとか……。

ひとり言を思わずつぶやいて、「あ、いけない」と恥ずかしく感じた経験は、きっと皆さんもあるはずです。

心理学的にはひとり言を言う人は、**不安を感じていたり、ストレスが溜まっている**と解釈されるようです。

実際、そういう人は多いでしょう。よく電車の中や会議中に、貧乏ゆすりをしている人がいますね。貧乏ゆすりは、不安やストレスを体を動かすことで解消しようとする行動とされています。

ひとり言も同じメカニズムで、**声を出すという行為＝運動によって、それらを解消しよう**とするというわけです。

さらにもっというならば、〝病的なひとり言〟というのがあります。

統合失調症の人は妄想や幻覚の中で、わけのわからないひとり言をつぶやくことがありますし、自閉症スペクトラム障害の人は、自分の心地よい記憶に引っ張られて、気に入った単語を繰り返したりすることがあります。

注意欠陥・多動性障害（ＡＤＨＤ）の人の場合も、興味がさまざまに拡散して、とりとめなくつぶやく傾向があります。

そう考えると、ひとり言は好ましくないもの、しゃべらないようにした方がいいものなのでしょうか？

脳科学者としての結論は、病的なもの（英語では、Soliloguy）を除いて、**ひとり言には脳を覚醒させ、眠っていた能力を伸ばす力がある！**　と断言したいと思います。

おそらく、読者の大半は、ひとり言にそんな力があるとは想像できないのではないでしょうか？

優秀な人ほどひとり言をつぶやく

相対性理論を確立し、世紀の天才と呼ばれるアインシュタインは、つねにひとり言をつぶやいていたそうです。

『若きウェルテルの悩み』『ファウスト』という名作を残したドイツの世界的文豪であるゲーテは、ベートーベンと初めて会った後、そのあまりの音楽的天才に衝撃を受け、その後半日間、ずっとひとり言を言い続けていたとか。

ひとり言をつぶやくことによって**思考が整理され、考え方がまとまる**ということがあるようです。

ただし、それは一部の天才たちだけに限りません。

英国のウルバーハンプトン大学のアンディー・レーン氏の実験では、数を見つけるオンラインゲームを4つのグループに分けて実施しました。

ひとり言をつぶやくグループ、より早く反応する自分をイメージするグループ、起きるかもしれない状況を予測して反応を考えながらゲームするグループ、とくに何もしないグループです。

結果は、ひとり言をつぶやくグループがもっとも効果があり、「**一番になりたい**」「**頑張るぞ**」という言葉が有効だったそうです。集中力を高めるには、ひとり言が効果的であることが示されたのです。


ペンシルバニア大学のダニエル・スウィングリー教授が行った実験では、探し物をする際にひとり言をつぶやきながら探すと、見つかるまでの時間が短くなるという結果となったそうです。

どうやらひとり言には、**集中力を高めたり、記憶力を高める作用があるらしい**のです。

ひとり言がきっかけで新手法を編み出した

かくいう私自身も、「ひとり言スピーカー」として、これらの実験の結果を待つまでもなく、その効用を実感してきています。

30代の頃に研究所の同僚にひとり言を指摘されて以来、ひとり言に対して意識するようになりました。

すると、研究者として**集中してものを考えているときに限って、いろいろとつぶやいている**ことに気がつきました。

私がｆＮＩＲＳ（エフニルス）と呼ばれる新しい脳機能の計測法を編み出したのも、ひとり言がきっかけの一つになっていると言っても過言ではありません。

当時、最先端のｆＭＲＩ（エフエムアールアイ）という技術は、血中のヘモグロビンの分布で、血流の多寡を画像化することができました。

脳が働いている部分ほど血流量が増しますから、血流の分布がわかればそのときどきの脳の働いている部分がわかります。

ただし、ｆＭＲＩは細い静脈の脱酸化型ヘモグロビンの変化しか画像化することができませんでした。

そのため、複雑に変化する毛細血管の血流を調べるには不向きでした。

私は米国のミネソタ大学放射線科ＭＲ研究センターで、ＭＲＩを使った脳の機能計測法の研究に取り組みました。

なかなかいいアイデアにたどり着けず、気づけばアメリカに来て6年が経とうとしていました。

あるとき、カフェでうとうとしていると、**「座標に全部おいてみたらどうなるの？」と無意識にひとり言が出てきました。**

直後に、これはおもしろそうだと直感しました。

実際にやってみると、きれいな楕円形になった。「そうか、これだ！」と、まさに発見でした。

それまではヘモグロビンの動きを時間軸だけで捉えていたのですが、座標という2次元に落とし込むことで、すべてのヘモグロビンの分布を同時に捉えることができたのです。

これによって、ｆＮＩＲＳによる血流分布の画像化が実現しました。毛細血管の中の血流までわかるので、脳の中の血液量の変化の分布だけでなく、詳細な酸素消費量の変化までを、頭皮上から簡単に調べて脳機能を定量化できる点で、大きな発見となりました。

私はこの手法を「ベクトル法ｆＮＩＲＳ」と名付けました。

その後、そのｆＮＩＲＳを使って脳を精査し、脳にはそれぞれ独自の働きを担う領域があることを発見しました。それが「思考系」や「記憶系」、「伝達系」と名付けた**「脳番地」**という概念です。

こちらについては後ほど詳しく解説しますが、この発見のときも私自身、さまざまなひとり言をつぶやいていたという記憶があります。

いずれにしても新たな発見でしたから、これまでの理論やテキストに頼るだけでは決して生まれてこなかったでしょう。むしろ、**既成の概念から外れたからこそ生まれた発見**だと思います。

その発想の源は、いまにして思えば**自分の頭の中にあり、それを深掘りすることではじめて形になった**のだと確信しています。

頭の中に鳴り響いた、ある〝お告げ〟

本当に大事なものは外部にあるのではなく、自分の内側にある――。より具体的に言うならば、**自分の脳の中に眠っている**と考えます。

スイスの精神科医で心理学者のカール・グスタフ・ユングは、個人的な無意識のさらにその奥に「**普遍的無意識**」があると説きました。

それは人類や民族の歴史を蓄積した共通の記憶であり、**さまざまな知恵や情報が蓄積されている**といいます。

ユングは自己の内面に眠っているその叡智に耳を傾けることで、人は真の成長と成熟を遂げることができると主張しました。

私は脳科学者ですから、同じことを脳の構造的、生理学的な側面から捉えようとします。

人間の脳の中には、ユングの言うところの無意識に比すべき、**知恵や情報が眠っている**と考えています。

これは私自身の体験からも確信していることです。

ちょっと不思議な体験をしたお話をしましょう。

今から25年くらい前のことだったと思いますが、突然脳裏に**「衆生に向かって説法せよ」**という言葉が鳴り響いたことがありました。

この話をすると、危ない人と思われる恐れがあるので封印してきたのですが、ひとり言をテーマにお話しするにあたって、どうしても触れておきたいと思いました。

今こうして本を書いたり、メディアに出て発言しているのも、このときの〝お告げ〟に導かれたのかもしれない、と私は真剣に考えています。

そのような経験もあり、私は自分の意識とは別の塊りのようなものが存在し、そこからときどき、**言葉になって降りてくる**という実感があります。それが研究のヒントになったり、人生の選択の決め手になったりしてきたのです。

人によって、この声のようなものに対する表現は変わると思います。ある人は「天の声」と表現したり、別な人は「無意識からのメッセージ」と表現したりするかもしれません。

いずれにしても、**無意識に口から出るひとり言は、そのような天から降りてきた、あるいは内面の奥底から吹き出してきた知恵や情報**だと考えます。それがひとり言となって言語化され、意識化され、新たな発見や能力の獲得につながるのです。

つまり大事なのは**自己と向き合い、自己と対話すること**。ひとり言はまさに自己との対話そのものだと考えます。自分の見えない潜在能力とつながるツールであり、手段だということです。

「あ」と「お」を言うと、脳の血液量が増える

そもそも、**人は口から単語や音声を発しただけで、脳が活発に働く**ことがわかっています。

先ほどご紹介したベクトル法fNIRSを使って「あ、い、う、え、お」の母音を発したときの脳の働きを調べたことがあります。左脳のこめかみの真下にある、発語に関係する領域に計測プローブを設置したのです。

すると面白いことに、一文字で脳が明らかに変化するのですが、血液量が母音によって変わったのです（図1参照）。

「あ」と「お」は血液量が明らかに上昇しました。そして「う」は少しだけ上がりました。それに対して、「い」と「え」は血液量が下がったのです。

たしかに「あぁ！」とか「おぉ！」というのは、驚いたときや感動したときなどに発します。それはまさに、血液量が増えた状態でしょう。

図1「あ」と「お」は脳の血液量が増える

A.「あ」と「お」の発声時

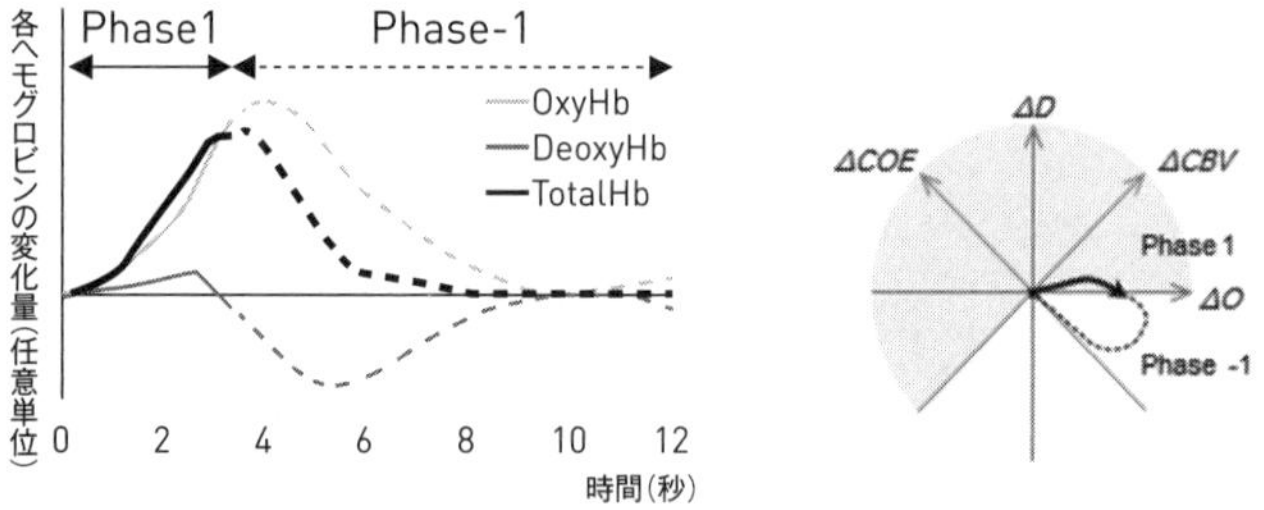

OxyHb:酸化型ヘモグロビンの変化量
DeoxyHb:脱酸化型ヘモグロビンの変化量
Total Hb:総ヘモグロビンの変化量

△CBV:脳の血液量の変化量
△COE:脳の酸素交換変化量
△D:脱酸化型ヘモグロビンの変化量
△O:酸化型ヘモグロビンの変化量

B.「い」と「う」と「え」の発声時

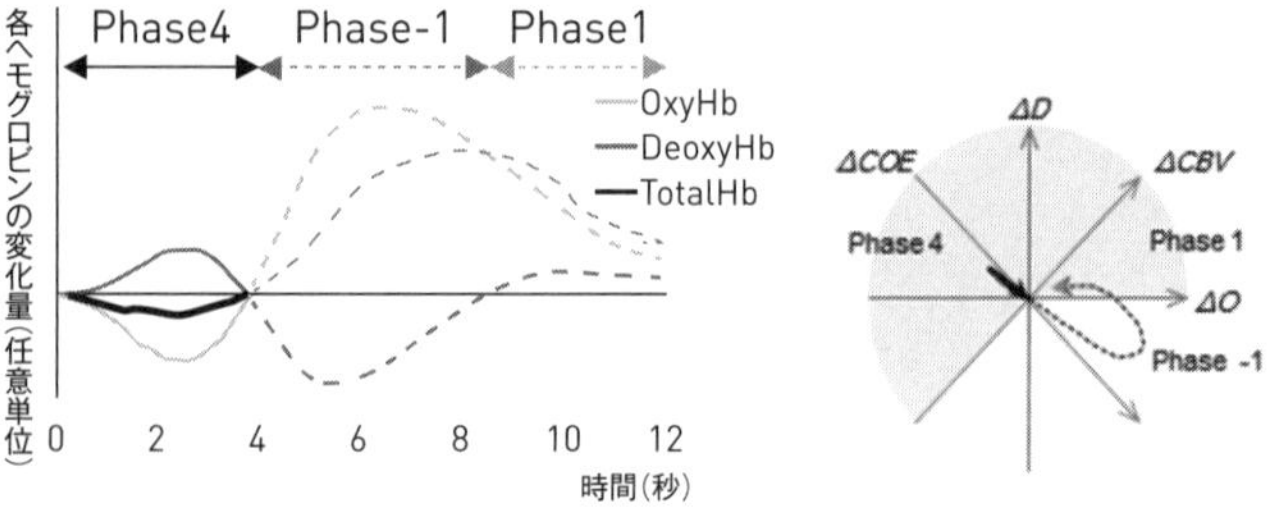

逆に、「いいえ」とか「えーっ?」のような否定や抑制したりする言葉には、「い」と「え」がよく使われます。

「あ」と「お」は発声と同時に、脳の血液量(ΔCBV)が増えるので、時計まわりの回転を示します(図1のAの右側)。一方、「い」「う」「え」は、脳の血液量はやや減るか、または変わらず、脳の酸素消費量(ΔCOE)が増加するため、反時計まわりの回転を示します。

これはあくまで、著者の言語脳の仕組みに関する仮説ですが、**言葉を発するたびに血流が上がれば、脳の血圧が上がり過ぎて、脳疲労を起こしやすくなります。**そのため、脳圧を下げる音声として、反時計回りの回転をさせて脳の代謝をコントロールしていると考えられます。

脳は酸素不足になると神経細胞が破壊されるため、必要に応じて血液量を調整している様子が、脳科学最先端技術のベクトル法fNIRSで頭皮上から観察できるようになっています。

このように、一文字一文字に生理的な変化の違いがあり、発声するだけで脳に変化が生まれるのです。

ですから、**ひとり言をブツブツ言うだけで、その人の脳はかなり激しく変化し、刺激を受け、活性化した状態になる**と考えてよいと思います。

一見、相手の見えないひとり言は、生産性のないムダで、はた迷惑な行為に思われがちです。

しかし、こうして考えてみると、ひとり言はとても奥深いものだということがわかっていただけると思います。

それは、**つぶやきによって自己の内面＝脳とつながり、脳の持っているポテンシャルを引き出す**ことになります。

その仕組みを理解し、うまく活用することで、私たちはアインシュタインやゲーテのような天才まではいかずとも、**かなり創造的な思考とアウトプットが可能になる**はずです。

本書ではそんなひとり言のメカニズムを、脳科学的な視点から解き明かし、日常生活の中で上手にひとり言と向き合うことで、自分の能力を高める方法を提案していきたいと考えました。

ぜひ、あなたもひとり言の深くて広い世界に飛び込んでみて下さい。読み終わった後は、きっと世界の見え方が変わってくると思います。

2024年2月

医学博士・脳内科医　加藤俊徳

『なぜうまくいく人は「ひとり言」が多いのか？』目次

第1章
talk to myself
chapter-01

ひとり言のすごい脳活効果

第2章
talk to myself
chapter-02

ひとり言と脳の関係

第3章
talk to myself
chapter-03

脳に「良いひとり言」と脳に「悪いひとり言」

第4章

talk to myself
chapter-04

潜在能力が開花する ひとり言5段活用

第5章

talk to myself chapter-05

朝・昼・夜 時間別・効果的なひとり言

第6章
talk to myself
chapter-06

ひとり言による自分脳改革

第 1 章

talk to myself chapter-01

ひとり言の
すごい脳活効果

talk to myself

何気ない「つぶやき」に脳からのメッセージが隠れている

私たちの何気ない「つぶやき」は、決して非生産的なものでも、マイナスのものでもありません。

そこには必ず、ある種の重要な意味やメッセージがあります。

この章では、**「ひとり言」がいかに私たちに影響を与え、さまざまな効果を生んでいるか**を、より具体的に明らかにしておきたいと思います。

ふだん私たちは、家庭や職場などの環境や人間関係の中で、さまざまな状況にさらされます。その中で多くの刺激を受け、情報をインプットし、それに対する反応やアウトプットを行います。

計画を立てたり、企画を考えたり、研究したり、文章を書いたりするような、創造的な作業に没頭することもあるでしょう。

その際、脳は刺激を受け、さまざまに活動します。その結果、私たちの脳の中には各種さまざまな言葉や情報、イメージが生まれます。**意識に昇ってくるものもあれば、無意識の中でうごめいているものもある**でしょう。ひとり言は、そういう混とんとしたカオスのようなものを整理し、自分の中で価値づけし、意味のあるものに変換する、**「思考の動き」そのもの**だと考えます。

これを「右脳」と「左脳」の働きで説明すると、脳の中には右脳が司るイメージやインスピレーションといった**「非言語的」な情報**と、左脳が司る**「言語的」な情報**があります。

それらをひっくるめて、左脳の思考作用によって情報を整理・選択し、結び付けたり変換したりしてアウトプットにつなげる、ということになります。

ちなみに、こうした思考作業は基本的には「言語」によって行われます。

論理的な思考を行う際、私たちの左脳を中心にして、脳内には言語が飛び交っている状態になるわけです。

そのときの思考が、**口をついて言葉になって漏れ出してきたものが、ひとり言**だと考えていいでしょう。

どうでしょうか？　**「ひとり言」はたんなるうわごとではない**ことがわかっていただけると思います。

それは脳の思考の働きそのものであり、創造的で生産的な脳の働きが、言葉になって飛び出してきたものなのです。

ですから、**ひとり言には「意味」と「価値」がある**のです。

ひとり言に注意を向けることで、自分自身の思考の動きを知るヒントになるのです。

talk to myself

「視覚」優位の人ほどひとり言が多くなる

ところで、私たちの言語には**「外言語」**と**「内言語」**の2つがあります。

「外言語」は、ふだん私たちが口に出してしゃべる言葉であり、他者とのコミュニケーションに使う言葉です。

それに対して「内言語」とは、先ほどお話しした思考の際に脳内で発される言語のことを指します。つまり、音声として口からは出さず、脳内言語として自分の頭の中で自問自答する言葉のことです。

では、**「ひとり言」は内言語、外言語のどちらでしょうか？**

声を発している、ということでは「外言語」のようですが、明確な相手がいません。

その点では、「内言語」に近いと考えられます。「内言語」として頭の中で話していた言葉が、思わず音声として口から出てきたものが「ひとり言」だと考えられます。

そう考えると、内言語も声にこそ出さないけれど、「ひとり言」であると言ってもよさそうです。

思考するとき、私たちは頭の中でひとり言をつぶやいているわけです。

ちなみに左脳の働きが弱い人は、「内言語力」も弱くなる傾向があります。そういう人は「ひとり言」をつぶやきやすい体質になります。

かくいう私が、まさにそのタイプです。

他でも書いていますが、私は子どもの頃から声に出して本を読むこと＝「音読」が大変苦手でした。

会話はふつうにできるのですが、いざ書かれている文章を声に出して読もうとすると、つっかえたり、間違えたりしてうまくできないのです。

学習困難症の一種で、左脳の働きが弱い子どもに多い症状なのですが、大人になって左脳が発達してくると、症状が収まる場合も多いのです。

私の脳を、ＭＲＩを用いて独自開発した脳内ネットワーク機能画像法で調べたところ、「視覚系」の脳は人並み以上に発達しているのに対して、「聴覚系」の脳はそれほどまでではありませんでした。「視覚認知」と「聴覚認知」のバランスがよくないのです。子どもの頃ほどではないにしても、今でも文章を一文字ずつ追って音読するのは得意ではありません。逆に、ページ全体を映像として、パッとその内容や主旨を掴み取ることができます。

いずれにしても、聴覚優位の脳を持つ人は内言語力が強く、私のような視覚優位の脳を持つ人は、内言語力が人に比べて弱くなります。左脳よりも右脳が発達しやすくなるのです。

そういう人は、**声に出して「外言語」に頼る傾向**があります。つまり、それだけひとり言が多くなるということです。

右脳からの直感的なひとり言こそ見逃してはいけない

talk to myself

私自身はひとり言をたくさんつぶやく人間ですから、ひとり言との向き合い方もかなりベテランの領域に入っていると思います。

とくに**無意識に口を突いて出てきた言葉に対して、注意を向ける**ようにしています。

ひとり言は、先ほどお話しした通り、左脳を軸にした「内言語」による思考が言葉になって、音声として発せられたものだと考えられます。

ただ、左脳由来ではなく、**右脳のメッセージが直接ひとり言に結び付くものもある**と考えています。

右脳では非言語情報であるイメージや表象、感覚や感性的な心象のようなものが生まれます。

それは言語化されたものではないので、なかなか意識化されず、**無意識の中に眠っていることも多い**といえます。

そんな**非言語的なメッセージが、意識に昇ってくることがあります。**

左利きであり、右脳が優位に発達した私も、そのような非言語のメッセージがたくさん右脳から送られてくるのです。

それは「**直感**」**に近いもの**といってもいいでしょう。

たとえば、編集者からよく企画書が送られてきます。右脳優位である私は、文字を追い、論理的に内容を吟味するよりも、まず企画書全体をパッと見たときの印象が先に浮かび上がってきます。

直観的に「これはいい！」「面白そうだ！」と感じるものもあれば、その印象がぼやけていて、何かしら弱い感じがするときがあります。

そのとき、**思わずひとり言をつぶやく**ことがあります。

「うーん、なんだかいま一つだな」

「よくわからないけど、企画として弱いなぁ……」

ブツブツと、ひとり言を洩らしているのです。この段階のひとり言は、言葉として意味をなしていないこともあります。

ですが、この右脳からのメッセージこそ、**自分の直感であり、じつはとても重要なものな**のです。

口から出てきた時点で、私自身が、「お⁉ 今、何て言った？」と注意を向けるようにしています。

talk to myself

本当の知恵や宝は自分の中に眠っている

左脳由来であれ、右脳由来であれ、**ひとり言は自分自身の内側から自分に向けられた、重要なメッセージであること**に変わりはありません。

そのメッセージをいかに真摯に受け止めることができるか？

つまり、**ひとり言を言っている自分を、しっかり認識することが大切**になります。

たとえば思わずひとり言が口から出たとき、**ほとんど気にも留めず、ひとり言を言っていることすらも気がつかない人もいます。**

それではせっかくの重要な情報、メッセージを見逃してしまうことになります。

「あれ？　今、何かをつぶやいたぞ……」

「なんだ？　今何て言ったんだっけ？」

ひとり言を再確認するという行為が、とても大事になるのです。それによって、無意識で出たひとり言を意識化することができます。

そのうえで、「きっと、どこかに違和感を覚えたから、そんなことを口走ったのかな？」とか、「なんで自分はダメだと思ったのだろう？」「じゃ、どうすればいいのさ！」と、ひとり言に対する返答を口に出してみて下さい。

まるで**一人二役のように、ひとり言で会話を続けてみる**のです。

すると、どうしてその言葉が出てきたのか、自分がそれに対してどう考え、どうしたいのか、ということが、次第にはっきりとしてくるはずです。

つまり、ひとり言と向き合うということは、自分自身と向き合うこと＝「**自己認知**」に他ならないのです。

SNSやチャットGTPなど、**私たちは答えを自分の外のデータや情報に求めがちです。**

ですが、自分が何をしたいか、何が大切か、どうするべきか、といった自分の問題の答えは、自分自身の中にしかありません。**本当の知恵や宝は、自分の中に眠っているのです。**

禅は「すべての答えは自分の中にある」という思想を大前提としているそうです。

自分と向き合うひとり言こそ、自己を認知し、**内なる答えを見つける究極のツールなのです。**

ひとり言のすごい効果①

気持ちが整理され、心が軽くなる

ひとり言を発することで、さまざまな効果・効用が得られます。

ここからは、その具体的な例を挙げてみたいと思います。

まず1つ目は、「**内省を促し、心の整理がつく**」ということです。

ひとり言は、**自己の内面から自ずと溢れ出てくるもの**です。

それだけに、ひとり言と向き合うことは、自己と向き合うこと＝「内省」につながります。

「どうしてあんなことを言ったのだろう？」

「なんで、あんなことをしたのか？」

自分の発言や行動を振り返って、いたらない思いや悔しい思いに捉われることもあると思います。

そんなとき、思わずひとり言をこぼしていることはありませんか?

自分の言動や行動を後悔する気持ちや責める気持ちが強いほど、心の中には強いストレスが生じています。

ひとり言には、そんなやるかたない憤懣やストレスを、**言葉にすることで解消し、昇華する力があります。**

「あーぁ」とか、「もう!」というような感嘆詞は、そんなひとり言の一部かもしれません。

また、「はぁーっ!」と大きくため息をつくことも、ひとり言の一種だといえるでしょう。

いずれにしても**溜まったストレスを、声に出すことで発散する**作用があります。

意識的にも無意識的にも、このようなことを皆さんは日常の中でやっているのではないでしょうか？

さらに、ひとり言をつぶやくことで、たんにストレスを発散するだけでなく、**次にどうしたらいいかという対処の仕方がわかったり、心の整理がつく場合があります。**

「よし、次に会ったら謝っておこう！」
「今さら気にしても、仕方がないさ」
「どうにかなるって！」

ストレスを発散しながら、自問自答するうちに、不安や心配が少し軽減されるでしょう。

ひとり言には、**もやもやした気持ちが整理されたり、踏ん切りがついて心が軽くなる**という効果があるのです。

ひとり言のすごい効果②

口走ることで、自己肯定感が保たれる

ひとり言には自分の気持ちを鼓舞して、やる気を出させる力があります。

「頑張るぞ！」
「絶対できる！」

言葉にして出すことで、**一種の自己暗示にかける**わけです。

あるいは、発声することで**脳が働きやすくなる**ということも考えられます。前にお話ししたように、単語1つで脳の血液量と酸素消費量が変わります。その人なりの、自分の脳の血液量が上がり、**脳が働きやすくなる言葉がある**はずなのです。

そういえば、私の父親は生前、仕事に出かける前に「よし、今日もやるぞ！」とつぶやいていました。

朝早いので誰も聞いていないし、誰も返事をしないのですが、毎朝のように繰り返していました。

今から思えば、それが父親の朝の儀式であり、**脳と身体が動き出しやすくなるフレーズ**だったのでしょう。

そういう**自分の気持ちが上がる言葉を探してみる**のもいいかもしれません。

ある女性は毎朝出かける前に鏡を見て、「**なんてきれいなんでしょう！**」と自画自賛のひとり言をつぶやいて、上機嫌で仕事に出かけるそうです。

傍から見ていると、なんだか可笑しくなりますが、ある意味、最高のひとり言だと思いませんか？　**誰も傷つけず、迷惑をかけず、自分の気持ちを一番高揚させる言葉**の典型です。

ちなみに私の場合は、研究で重要な事実をつかんだと思われるとき、「**これは、大発**

見だ！」と自分を鼓舞する言葉を意識して口にします。

するとと脳が一気に活性化して、研究に対するモチベーションが高まるのです。

若い頃、米国で研究をしているときも、それこそ世界中から自他ともに秀才と認める研究者が次々に現れました。

私は自信を失いつつも、なぜかひとり言で「**(こんな状況だけれど)もしかして、俺の方ができるんじゃゃない？**」とつぶやくことがありました。

今にしてみると、とくに根拠はなかったのですが、**口走ることで不思議と自信と自己肯定感が保たれた**と思います。

そして実際に、脳活動の計測理論とその方程式を確立することができました。

意識的に自分を鼓舞し、気分を高揚させる言葉を使うことによって、自己肯定感を高め、前向きな生き方ができるようになるのです。

ひとり言のすごい効果③

目的意識が強くなる

言葉には、不思議な力があります。

古来から、人はこの力を「**言霊**」と表現しました。言霊には人を動かす霊的な力が宿っています。

脳科学者という立場ながら、私自身もそのような言葉の力を認めています。

前にお話ししたように、**一音でも発することで、脳内の血液量と酸素消費量が変わります。**

しかも音によって、血液量が上がるものもあれば、下がるものもあります。発声というものが、人間の脳の生理に大きな影響を及ぼすわけです。

昔の人が「言霊」と表現したものの中には、このような言葉の生理学的な作用もきっと含まれているに違いありません。

「自分は必ずできる」
「自分は絶対に曲がったことはしないぞ」

言葉には言霊がありますから、「自分は〜だ」「自分は〜できる」といった**自己規定の言葉を発したとたんに、不思議に自分自身がその方向に向かっていく**ようになります。

このことは、**「目的」や「目標」を設定する**際にも力を発揮します。

「必ず合格してみせる！」
「今年こそは、絶対いいパートナーを見つけよう！」

こうした決意を込めたひとり言は、**自分の意識を大きく変えます。**
目的意識が強くなり、自然と行動がその目的や目標に向かうようになるのです。

次の章で詳しく解説しますが、私たちの脳は思考や記憶、感情や運動など、それぞれの得意分野に分かれています。

なぜそういう区分けができたかというと、そもそも思考や記憶をするため、感情を働かせるというように、目的に対応するために脳が形作られてきたという経緯があります。

つまり、**脳自体が最初から目的達成のために作られた器官**なのです。

ですから、脳自体が生産的な活動を行うには、「目的」というものが不可欠です。

逆に言えば、**目的があれば、脳は一つにまとまって、一気にそれに向かって動き出すわけです。**

そのきっかけが「ひとり言」であり、言霊を持った言葉そのものだということです。

ひとり言のすごい効果④

「悩み」を言語化することで解決に導く

「悩み」というのは、脳科学的に言うと、**「問題を言語化できていない状態」**だといえます。

たとえば、なかなか彼女ができない、と悩んでいる人がいたとします。

職場に異性が少なく、出会いがないとか、性格が消極的で自信がないとか、容姿が人より劣るとか、彼女ができない理由がいくつかあるはずです。

その理由をしっかりと認識しているのであれば、改善できるものは改善すればいいということになります。

仮に、背が低いとか容姿が人より劣っている、と感じていたとしましょう。

それでもおしゃれをしたり、清潔にして身だしなみを整えることで、かなり印象が変わります。

消極的で自信がないという人は、たとえば自分の趣味や興味のある分野を突き詰めて、他人にこれだけは負けないとか、自慢できるというものを持つことで、かなり意識が変わるはずです。

職場に出会いがないのであれば、サークルだとか勉強会など、いろんな場に足を運んでみることだってできるでしょう。

そのうえで、どうしても**改善したり、変えることができないものもあります。**たとえば自分の出自だとか、出身地、人種などはどうあがいても変えることはできません。

そういうコントロール不可能なものに関しては、**最初から悩んでも仕方がない**でしょう。

残ったコントロール可能なものに関しては、とにかく改善、改良をすればいいということになります。

つまり、悩みというのは、**本来は解決するべき問題や課題に変えることができると**

いうことです。問題や課題にできるということは、必ず解決する方法があるということなのです。

ですから、**何かに悩んでいる人は、悩みを問題化することができない人、**ということができます。

ここで、ひとり言が大きな力を発揮することになります。

「何が問題なんだろう?」
「どう改善すればいいのかな?」

声に出してもいいし、声を発せず内言語でもいいでしょう。

いずれにしても、そうやって自問自答を繰り返すことで、**悩みはいつの間にか解決するべき問題に変わっていくはず**です。

ひとり言は悩みを問題化し、解決に導く有効な手段なのです。

ひとり言のすごい効果⑤

違和感を覚えたら、注意する

私は研究者ですから、自分以外の研究者のさまざまな論文や説を目にしたり、耳にする機会があります。

すると、中には直感的に「**いや、それは違うんじゃないかな?**」と感じるものがあります。

ただし、どこがどう違うか、その段階では論理的に指摘することができません。

ただ、一種の違和感のようなものを覚えるのです。

この「違和感」を、私はとても大事にしています。

というのも、言葉ではなかなか説明がつかない違和感が、結局当たっていることが多いのです。ほとんど、百発百中といってもいいのではないでしょうか。

おそらくですが、この違和感は、非言語情報を司る**右脳からのメッセージ**だと考えています。

非言語的なメッセージですから、理屈や理論では説明できません。ただ、イメージとして何かおかしい、違和感がある、という感覚が沸き上がるわけです。

そこで時間をかけていろいろ検証してみると、**やはり矛盾やほころびがロジカルなレベルで明らかになります。**

やっぱり直感が当たっていたんだ、ということになるわけです。

この直感に、私はずいぶんと助けられてきました。

「なんか、おかしいなぁ……」

「どうも、腑に落ちないけど、なんだろう？」

「なんか気持ち悪いけど、どういうこと？」

思わず、声として口に出てくるときもあれば、内言語として心の中で鳴り響くこともあります。

このひとり言を、私はとても重要視しています。

なぜなら、それこそが**右脳のセンサーに、真っ先に引っ掛かったシグナル**だからです。そして、違和感のひとり言が出てきたら、絶対にどこかおかしいところや間違いがあるはずだと信じて、**今度は左脳をフル回転させて検証に専念する**のです。

このことは研究の現場だけではありません。日常でいろんな人に会ったときの第一印象も、右脳からのシグナルをもとに判断しています。

「この人は、人を裏切りそうな感じがする」

「この人と仕事をすると、トラブルが起きそうだ」

内なる声を尊重し、従ったことで、大きく失敗したということは今のところありません。

ひとり言のすごい効果⑥

アンガーマネジメントになる

年を取ってくると怒りっぽくなる、といいますが、私の場合も悲しいことに当てはまります。

とくに60歳を過ぎてから、それが顕著になった気がします。

年を取ると、仕事や生活の中で自分よりも年下の人たちとつき合うことが増えてきます。

すると、**「そうじゃないんだよね」とか、「こんなことも知らないのかなぁ」と引っ掛かることが増えてきます。**

おそらく自分が若い頃は、同じように年上をイライラさせていたのに、それをすっかり忘れているわけです。

加えて、**時代の移り変わりもある**でしょう。

あまりにも世の中の動きが速すぎて、ついていけません。

若い人は当たり前に操作できるパソコンやスマホのアプリなどが、年を取ってくるとなかなかすぐには習得できなくなります。すると、**どこか時代に取り残されていく、被害者意識が生まれがち**です。

もう1つは、**社会全体に不条理なことが増えている**こともあるのではないでしょうか。世界各地で起きている戦争や紛争、毎年ひどくなる自然災害、疫病などの蔓延や社会の二極化……。

いつの時代にもある悲劇でもあるのですが、それが今はマスメディアやネットなどによって瞬時に大量に情報が流されます。

年齢的にも時代的にも、どんどんストレスが増えて、怒りっぽくなるというのも理解できるのではないでしょうか。

そこで、私の〝ひとり言スピーカー〟の出番となるわけです。

「冗談じゃないよ」、「おかしいじゃない？」、「ふざけるなよ！」……。

ひとり言の連発となります。傍で聞いているると、どれだけ怒っているのかと心配になるかもしれません。

ただし、同時に「何がおかしいと思うのだろう？」、「ふざけるなと思ったのはなぜだろう？」、「どうしてこんなに怒っているの？」と、さらなる〝**ひとり言思考**〟が展開します。

「そうか、きっと自分は時代に遅れていると思われたくないんだな」、「でも、この報道が本当に正しいかどうか、しっかり確認しないと……」

もう一人の自分が、自分の怒りの理由を冷静に分析するのです。

すると、怒りは自然に収まります。

ひとり言は、アンガーマネジメントとしても有効である、と私は考えます。

ひとり言のすごい効果⑦

ダマされることが少なくなる

ひとり言は、自分の中から生まれてくる言葉です。

そこから自問自答を繰り返すということは、自分自身を見つめ直すことであり、同時に自分の頭で考えるということに他なりません。

ですから、「**ひとり言は思考力を鍛える**」ということが言えると思います。

私自身は**因果関係を考えているときに**、よくひとり言をつぶやきます。

なんでだろう？　どうしてだろう？

という〝**疑問形**〟**で詰めていくことで、結果として因果関係が明らかになっていく**のです。

たとえば、私の本が売れている、と聞いたとします。

どうして売れたのか？　何が良かったのか？

きっとタイトルが良かったからだとか、装丁が良かったとか、テーマ設定や書き手や編集者が良かった、あるいは私自身の話が良かったからだとか、いくつか理由を考えます。

そのときに、やはり私自身がひとり言をつぶやいているのです。

周りの情報に頼らず、**まずひとり言で自問自答しながら、自分の脳に聞いてみる。**

こういうことを繰り返すことで、思考力が鍛えられ、考える力がアップするのです。

ところが、自分のひとり言を信じることができず、**他人の言葉に頼ろうとする人が多い**気がします。

自分に聞く前に、他者に聞く、のです。

今の世の中は、こちらの人の方が多いのではないでしょうか？

残念ながら、それが当たり前になってしまうと、**自分の頭で考えることができなくなってしまいます。**

情報が溢れている今の時代ほど、その傾向が強くなってきていると思います。

これほど世間で注意喚起されているのに、いまだにオレオレ詐欺に遭ってしまう人がいます。

マニュアル的に対応しても、相手もダマシのプロ。手を変え、品を変えてアプローチしてきます。

あるいは、おかしな新興宗教や勧誘に乗って、多額のお金を払わせられたりするケースも一向になくなりません。

自分の頭で考え、自分自身の内面に聞く——。

それが習慣化したら、おそらく**他人からダマされることはグッと減る**と思います。

ひとり言で思考力を鍛えれば、それが可能になるのです。

talk to myself

「もうひとりの自分」と対話する

いかがだったでしょうか？　思いつくままに「ひとり言」の効果を挙げてみました。おそらく、細かく見れば、もっとさまざまな効果・効用があるに違いありません。いずれにしても、ひとり言の本質とは、**「もう一人の自分」との対話**だと考えます。

ひとり言自体は、本人が言葉を発し、本人が聞いているだけですから、そこに他者は存在しません。しかし、実質的には自分の中に「もう一人の自分」がいて、その存在と会話しているのです。

その「もう一人の自分」は、**私たちが考えている以上に知恵があり、直観力に優れ、勇気や良心に溢れている、**とても頼りがいがある人物です。

もう一人の自分が、現実の自分を慰め、鼓舞し、勇気と知恵を与えてくれるのです。

物理学者のスティーヴン・ホーキング博士の言葉に、「**静かな人ほど、心の中ではうるさいくらいの考えを持っている**」というものがあります。

おそらくホーキング博士は、内言語の達人だったのでしょう。他者と会話をする以前に、自分自身の中で侃々諤々の議論や会話が行われていたようです。

声にこそ出しませんが、本書で紹介するひとり言をつぶやく行為と同じであるといえるでしょう。

「ひとり言」というと、なんだか地味で、暗い感じがするかもしれません。

だからでしょうか、**これまでひとり言の効用を取り上げる人は、あまり多くなかったはずです。**

ですが、ここまで述べてきたように、ひとり言にはさまざまな効用があり、奥が深いものだといえると思います。

次の2章ではさらに、脳の働きから見たひとり言の本質と可能性を探っていきましょう。

第 2 章

talk to myself chapter-02

ひとり言と脳の関係

――発想力、記憶力、自己認知力がアップする！

talk to myself

「脳番地」から読み解く ひとり言と脳の関係

前章では、本当に大事な情報は、自分の頭＝脳の中にあるというお話をしました。ひとり言とはその**脳からのメッセージであり、同時にその脳との対話そのもの**でもあるということでした。

この章では「ひとり言」と「脳」との関係を、改めて詳しく解き明かしていきましょう。

それによって、ひとり言の本質とそれがもつ力、可能性がより理解できると思います。

私は脳科学者として、これまでたくさんの人の脳を自ら開発したｆＮＩＲＳ法によって画像解析してきました。

その結果、１０００億以上あるといわれる脳の神経細胞は、**その働きごとに集団を**

形成していることがわかりました。

集団ごとに得意な役割があり、それぞれの集団が得意領域の活動をするとともに、互いに密接に情報をやり取りし、高度な人間の脳の働きを作り上げていることがわかったのです。

その役割ごとの脳の領域を、私は「**脳番地**」と名付けました。

合計120ある脳番地は、大きく8つの系統に分かれます。

それが以下の脳番地です。

1　思考系脳番地……物ごとを深く考えるときに働くエリア
2　感情系脳番地……喜怒哀楽などの感情を受け取ったり表現するときに働くエリア
3　伝達系脳番地……コミュニケーションを通じて意思疎通を行うときに働くエリア
4　理解系脳番地……与えられた情報を理解し、将来に役立てるときに働くエリア
5　運動系脳番地……体を動かすこと全般に働くエリア

6　聴覚系脳番地……耳で聞いた情報を脳に集積させるときに働くエリア

7　視覚系脳番地……目で見た情報を脳に集積させるときに働くエリア

8　記憶系脳番地……情報を蓄積するときに働くエリア

それぞれの脳番地がどこに位置しているかは、図2に示しました。

ひとり言を言う場合、これらの脳番地が緊密に連携し、高度な情報ネットワークを作り出します。

以下で、具体的な働きを見ていきましょう。

図2 8つの脳番地

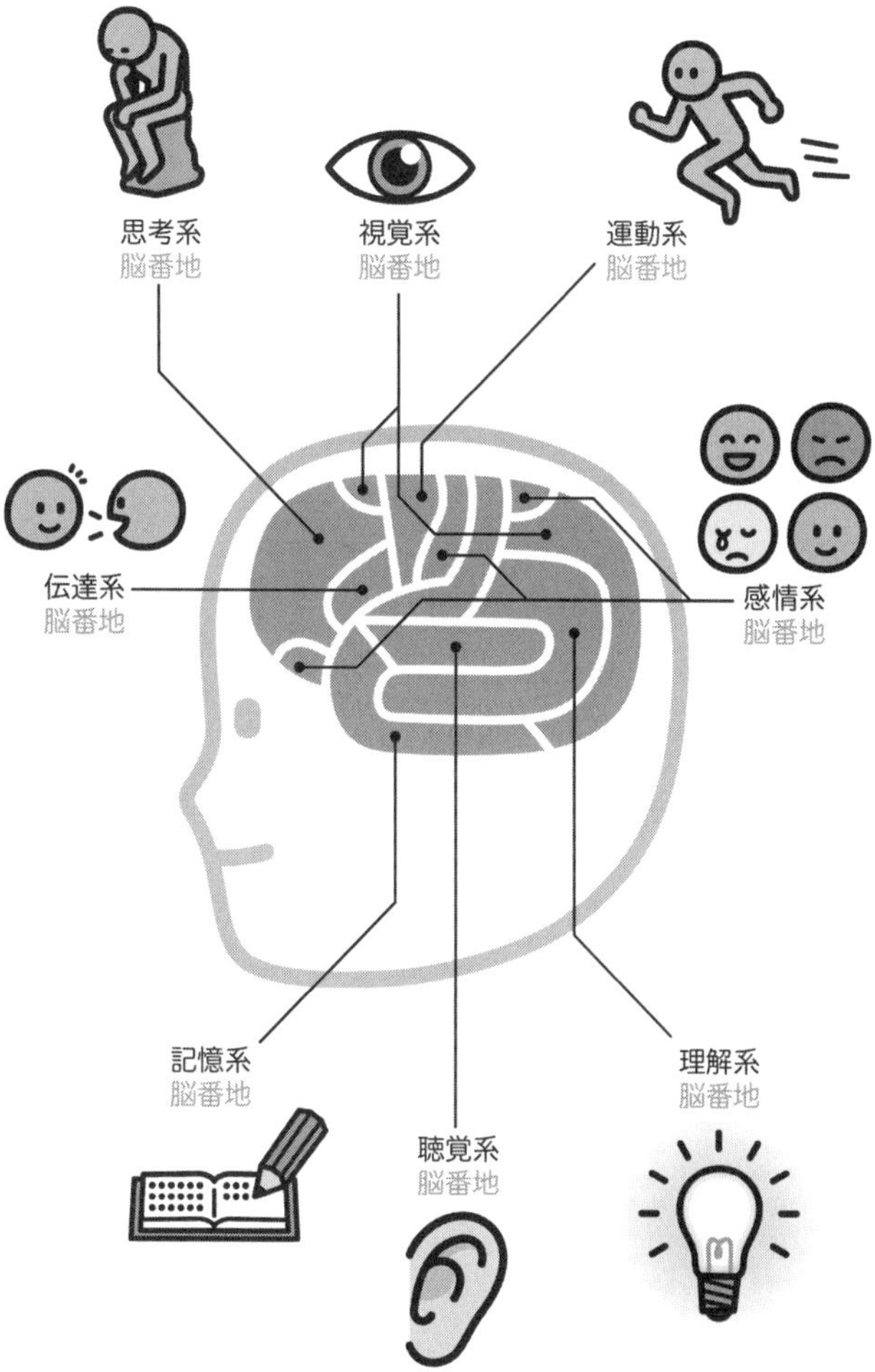
思考系
脳番地
視覚系
脳番地
運動系
脳番地
伝達系
脳番地
感情系
脳番地
記憶系
脳番地
理解系
脳番地
聴覚系
脳番地

talk to myself

ひとり言はすべての脳番地を使っている

ひとり言は、**脳のどこから生まれてくる**のでしょうか?

たとえば、何かに対して深く考え込んでいるとしましょう。そのときに活発に働いているのは、**「思考系」と「伝達系」**の脳番地です。

「思考系」でいろいろ考えている言葉が、思わず口に出ることがあります。

このとき「思考系」と「伝達系」の脳番地で考えた言葉が、**「運動系」**脳番地のエリアを通って表出されます。言葉として表出されたときは、左脳の回路を主に使っていると考えられます。

それだけでなく、人間は感情的になったときにも、思わず声を上げます。その場合は**「感情系」**脳番地を源にしたひとり言だといえます。

また、新しい発見をしたり、難しい問題が解けたときに、思わず声を上げる場合があります。

これは**「理解系」**脳番地由来のひとり言だと考えられます。

さらに、「やったー！」とか「わかったぞ！」と、ひとり言を発声したとしましょう。

このときに働くのが**「運動系」**脳番地です。顔の筋肉や喉や舌の筋肉を動かすことで言葉を発生するのです。

その直後、今度はその声を**「聴覚系」**脳番地が働き、音声として認識します。その情報が**「伝達系」**脳番地によって**「理解系」**脳番地まで伝達されると、理解系脳番地はその情報を分析し、その意味を理解します。

「やったー！」と喜ぶ自分の声で、自分自身が喜んでいるということを認識します。それによって、喜びは自分の体験、記憶となって定着します。

この聴覚系、伝達系、理解系の回路は**「フォノロジカル（音韻）・ループ」**と呼ばれ、この回路が回ることで**「記憶系」**も活性化されることがわかっています。

ちなみに、後ほど詳しく述べますが、スポーツ選手が「いくぞ！」とか「よし！」などと気合を入れる掛け声を発していることがあります。これらも、脳の力を最大化する効果があると考えられます。

ここまでが、ひとり言を発してそれを自分の聴覚でキャッチし、それを認識するまでの一連の流れとなります。

たった一言のひとり言をつぶやいただけで、このようにほとんどすべての脳番地が活性化するわけです。

逆に言えば、**ひとり言が多い状態は、脳が活発に働いている状態**だということができます。

talk to myself

恋愛感情を燃え上がらせるひとり言とは?

たとえばひとり言で、こうつぶやいたとしましょう。

「あの人、もしかして私のことを好きなのかしら?」

「彼女のさっきの態度は、自分に気があるからかな?」

それまでほとんど意識したことがなかった相手に対して、このように**つぶやいた瞬間、その存在が一気に自分の中で大きくなる**――。

こんな体験は誰しもあるのではないでしょうか?

私たちは恋愛感情が高まったからこそ、相手の存在が自分の中で大きくなったのだと考えます。

ところが脳科学的な視点で考えると、ひとり言をつぶやくという行為が、自分の脳を活性化させ、**その高まりが恋愛感情に発展した、**とも解釈できるのです。

相手との関係をひとり言でつぶやいたことで、それまで漠然としていた相手の存在が一気に意識上にのぼってきます。

「理解系」脳番地でしっかりと認知するわけです。

同時に、外言語で声に出してつぶやくことで、「フォノロジカル・ループ」が活性化し、相手の記憶がさらに鮮明になります。

「記憶系」が活性化して、相手の顔や表情、一緒にいたときの相手の言動やしぐさなどが記憶に蘇ってきます。

同時に、「好きだ」とか「気に入っている」という言葉が、「感情系」を大いに刺激します。

これらの**脳の働きが重なり合って、自分も相手に対して好意や恋愛感情を抱くようになる**のです。

では、もし、ひとり言をつぶやいていなければ……?

相手に対する関心や注意、感情は、それほど明確にならなかったかもしれません。ひとり言という言葉にしたことで、脳が刺激され、思考や感情がどんどん先に進んでいくわけです。

このように、**ひとり言は脳を活性化させるスイッチやブースターのようなもの**だと考えてよいと思います。

それまで漠然としていた思考や記憶、感情がそれによって明確になります。恋愛であれば、一気に火がついて燃え上がるという感じでしょうか。

ひとり言と脳の働き、脳番地の役割分担を考えるとき、恋愛を例にとるとよくわかっていただけると思います。

talk to myself

頭の中で「肯定」と「否定」を繰り返す

脳は肯定的で楽観的な思考をすると同時に、**批判的で悲観的な考え方もする**ことが知られています。

先ほどの例で続けるなら、肯定的なひとり言の後に、**それを打ち消すようなひとり言をつぶやきがち**です。

「いや、もしかして自分の思い過ごしかもしれないな……」

「そんなことないかも。だって、私なんか好みじゃないはずだから……」

最初のひとり言とは、逆のひとり言が口を突いて出てきます。

それまでは肯定的な記憶ばかりを呼び覚ましていたのが、**一転して否定的な記憶を**

呼び覚まします。

「だってこの前話しかけたとき、冷たかったしなぁ」
「たしか背の高い女性が好きだって言ってたから、私は当てはまらないか……」

ただし、**ひとり言の応酬はここからが本番**です。

振り子のように、今度は肯定的、楽観的な記憶や思考を働かせ、その後再び否定的で悲観的な方に振れる。

内言語である場合もあれば、声に出す外言語のひとり言のときもあるでしょう。

いずれにしても、**行ったり来たりを繰り返すことで、相手の存在はますます心の中で大きくなっていきます。**

そして、気がつくとすっかり恋愛感情に支配されてしまうというわけです。

もし、あなたの周りでそれまでひとり言をつぶやいていなかった人物が、突然つぶやきが増したら？

もしかしたら、好きになった人ができた証拠かもしれません。

以上は、恋愛を例にとったときの「ひとり言」と「脳」の関係をお話ししましたが、恋愛だろうと何だろうと、ひとり言と脳の関係は基本的には同じです。

ひとり言が認知や気づきを促し、そこから肯定と否定、楽観と悲観など、さまざまな思考をひとり言とともに、振り子のように繰り返しながら、その振幅を高めていく。

脳が加速度的に、働き始めるのです。

talk to myself

ひとり言は脳における「体験」であり「出来事」である

ひとり言の中でも、とくに外言語を使って声に出すひとり言は、脳にとって確固とした現実、事実となります。

声に出した瞬間、それは運動系の働きを伴った**「実体験」になる**からです。

小学校の頃、授業で音読をしましたね。

一般的には音読は声を出すことで、黙読よりもたくさんの脳番地を働かせます。そして自ら発声し、聞き取るという過程がある分、**実体験としてより記憶に残る**のです。

ちなみに、音声を聞き取ることで「感情系」脳番地も活性化します。

というのも、「聴覚系」などで得た情報は、「伝達系」を使って「理解系」に送られますが、「伝達系」が活性化すると「感情系」も働くことがわかっています。

いずれにしても、声に出してしゃべる、ということがとても重要だということです。

にもかかわらず、**今の社会は声を出して話す機会が、昔に比べると少なくなったよ**うに感じます。

一昔前の会社のオフィスでは、誰かしらあちこちで電話で話をしていたり、雑談していたように思います。

今は全員がパソコンに向き合い、メールでのやり取りが中心で、**電話をしている人も、雑談する人もほとんどいません。**

シーンと静まり返ったオフィスには、キーボードを打つ音だけが響いている。

どちらのオフィスが、脳の環境にいいかと言えば、断然昔のオフィスだといえるでしょう。

話が少し逸れてしまいましたが、ひとり言をしゃべることで自分の言葉を「理解系」脳番地で理解するとともに、ある種の感情が沸き起こり、それによって記憶として定着します。

すると、それ自体が脳においては実体験であり、出来事と同じ重みをもつことになります。

「いやぁ、散歩していると気分がいいなぁ」

私は散歩が好きですが、その最中によくひとり言を発しています。

言葉にすることで、**「気持ちいい」という自分の感覚や感情が、さらに強くなります。**

言葉にして自分の耳で聞き、理解することで、**脳の中でのリアリティがさらに高まる**のです。

ひとり言は、現実の体験とほとんど変わらない、といえるでしょう。その意味で、ひとり言は**「出来事を刻んでいる瞬間」**でもあるのです。

talk to myself

しゃべらないと、「感情」も「記憶」もなくなる

人はいつからひとり言を言うようになるのでしょうか？

『遠城寺式・乳幼児分析的発達表』（九大小児科改訂版）によれば、1歳9か月から2歳の頃に、「ワンワン（が）来た」という二語文を話すとされています。著者の私見ですが、**二語文が言えるようになれば、自分の耳で自分の声を聴いていると考えてもよい**といえます。

実際に2歳になると、左脳右脳の「聴覚系」脳番地は良く発達しており、音声を理解する「理解系」脳番地まで成長し始めています。

では、この乳児のひとり言の一端はいつから始まるのでしょうか。一般的に5か月で「人に向かって声を出す」、6か月で「おもちゃなどに向かって声を出す」、9か月

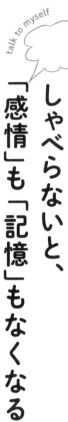

で「さかんにおしゃべりをする」とされています。

さらに10か月になると、喃語《なんご》と呼ばれる「ばばば」「ままま」など意味のない言葉が減り、意思伝達が明瞭になってきます。この頃から左脳右脳の「聴覚系」脳番地の成長が加速してきます。

つまり、赤ちゃんは10か月頃からひとり言を言い始めて、「運動系」「聴覚系」「伝達系」の脳番地が成長していきます。さらに1歳を過ぎると、海馬などの「記憶系」脳番地と「伝達系」脳番地が繋がり、どんどん言葉を覚えていきます。

このように、**子どもの脳の成長にひとり言が大きく関わっている**ことは明らかです。

次ページ図3の2つの脳画像は、左眼球の外側を通過する脳の矢状断面を示し、左が生後2週間ほどで右が13歳です。○で囲った部分は、「運動系」脳番地、□で囲った部分は「伝達系」脳番地です。

右の画像ではっきりつながっている白質部分（脳内ネットワーク）が、左ではまったくつながっていないことがわかります。それだけ成長した、ということがわかるのです。

このように、人は生まれてから「ひとり言」によって脳を発達させてきたわけですが、大人になるとその効能を忘れてしまうようです。

実際、患者さんと話をしていて愕然とすることがよくあります。

たとえば、「人と話すのが面倒くさい」と言って、ふだん会話らしい会話をしていない人が少なくありません。仕事はしていても、コミュニケーションが苦手だから口を利かないのです。

彼らの脳を画像診断すると、確かに**左脳のこめかみ部分にある「伝達系」が働いていない**ことがわかります。

図3 生後2週間の脳(左)と13歳の脳(右)の発達度

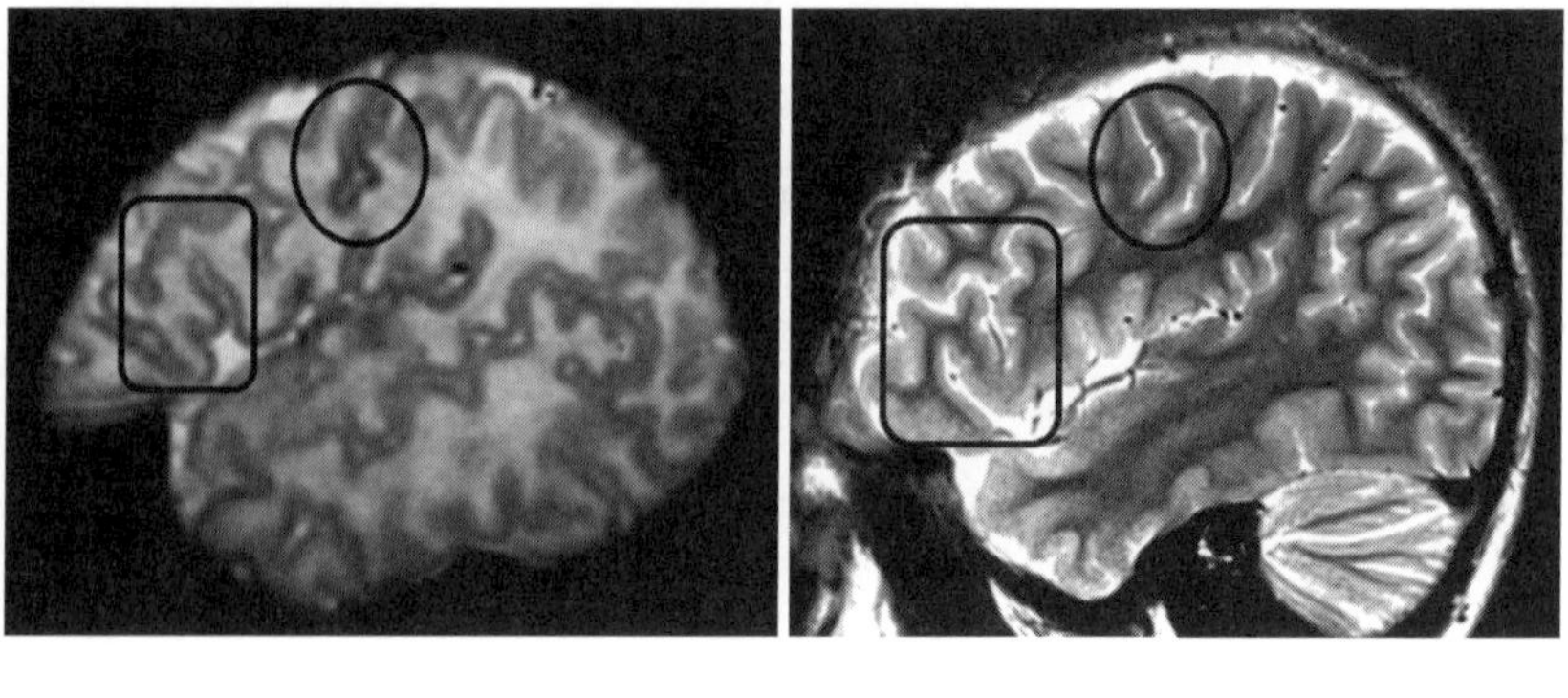

「伝達系」が動かないと、「感情系」も弱くなります。表情が乏しいのは、そのせいでしょう。

「**これまでの人生で、感動したことを言ってみて**」と聞くと、ずっと考えて、それでも思いつかない。言葉を発していないために、「感情系」とともに「**記憶系**」**の働きもすっかり弱く**なってしまっているのです。

当然ですが、**自己認知力も弱いため、自分に対して自信を持つことも難しい。**今はまだ何とか社会生活を送っているようですが、このまま放っておくと危ないと感じました。

日頃から、**自分の声を出していないことが致命的**です。声を出すことで自己確認＝自己認知し、自分の気持ちや感情を知ることができます。

自分の感情や気持ちがわかって始めて、相手の気持ちや感情も理解できるのです。

「とにかく人と話をしてみよう。それが難しければ、ひとり言でもいいから話すようにしてみては？」とアドバイスするようにしています。

最近、**他人に興味がない人が増えている**と言われます。

では、**自分には興味があるかというと、それも乏しい。**

何か思想的、信条的なものだとか、モットーがあって他人に興味がないのではなく、ただ単に**脳がうまく働いていないために、いろんなものに興味が持てない状態になっている**にすぎません。

これが押し進めば、抑うつ状態から本格的なうつ病になってしまうのは目に見えています。


とにかく、口とその周りの筋肉を使って、言葉を発することが大切です。

それによって各脳番地を励起させるのです。

ひとり言は、それが一番簡単にできるツールだということです。

talk to myself

スマホを黙って見ていると物事をどんどん忘れていく

脳の仕組みというのは、基本的に3段階になっています。

まず、**第1段階が「入力系」**です。**外部の情報を取り入れる段階**です。「視覚系」と「聴覚系」を働かせて、目から視覚情報、耳から聴覚情報をインプットします。それを「伝達系」により、「思考系」と「理解系」に運びます。

私はこの「思考系」と「理解系」を合わせて、「**ワーキングメモリ**」と称しています。ワーキングメモリによって**情報が意味づけされ、整理されるのが第2段階**です。

そして、最後の**第3段階が「記憶系」**です。

ワーキングメモリで処理された情報を、「記憶系」の海馬の働きによって、脳に定着させます。

ところが最近は、第3段階の「**記憶**」**のところが弱くなっている人が多い**ように思います。先ほど説明した会話の少ない人の例は、まさにその典型でしょう。

そこまでの状況ではなくても、今の時代は「記憶系」が働きにくいようです。

とくに悪影響を及ぼしているのが、スマホです。

スマホからは、つねに大量の情報が流れています。

ブラウザやサイトからの情報、Youtube や Facebook、Line や TikTok など実に膨大な情報が溢れ出しています。

それを漫然と見ているだけだと、「入力系」と「ワーキングメモリ」までは情報は行きますが、「記憶系」までには辿り着かないまま、情報が素通りして行ってしまいます。

まったく記憶に残らないまま、どんどん忘れていくのです。

なぜかと言うと、そこに記憶をつなぎとめる「**言葉**」**が介在しないから**です。

電車に乗っていると、誰もがスマホだけを無言で見つめています。

あれだけ大勢の人がいるのに、周囲のことはまったく気にも留めません。スマホの中で繰り広げられる世界だけに、**一言もしゃべらずに没頭しているの**です。もし彼らの脳内をｆＮＩＲＳで確認したら、きっとワーキングメモリの「思考系」と「理解系」以外の脳はほとんど働いていないはずです。まさに眠っているような状態ではないでしょうか。

ここで、**脳を活性化させることができるのが、「言葉」**です。

本来ならスマホの情報をもとに、周囲の人と感想を言い合ったり、雑談すれば記憶に結び付くわけです。でも、電車の中ではそれもできません。

そこで、ひとり言の出番です。

スマホを見ながら何かしらひとり言をつぶやいてみるのです。声に出すのが憚られるのであれば、内言語でも構いません。

海馬は、言葉に刺激されます。すると「記憶系」が働き出し、脳がようやく働き出すことができるはずです。

talk to myself

ひとり言によって思考が現実化する

あなたには将来の夢がありますか？

残念ながら、若い世代ほど将来に対する夢というのがしぼんでしまっているようです。クリニックを訪れる若者に聞くと、明快に答えられる人が本当に少ないことに驚きます。

先の見えない時代では、致し方ないかもしれません。

ただし、一方で若い人たちの**自己認知能力が落ちている**ことも、一つの原因のような気がします。

自分自身が何が好きで、どんな性格で、何が得意なのか？

基本的な自己認知がうまくできないために、自分に自信が持てなかったり、希望が描けなかったりするのではないでしょうか。

自己認知をするには、**「自分との対話」が不可欠**です。

しかし前述したように、スマホから流れるさまざまな情報を追いかけていると、自分自身と向き合う時間はほとんどありません。その弊害が今、如実に表れているのではないかと思います。

スマホを脇に置いて、なりたい自分、叶えたい夢を想像してみましょう。

「自分は将来ＩＴエンジニアになって、絶対成功する」
「私は家庭と仕事を両立させて、必ず幸せになる」

目の前に話しかける人がいなくても、ひとり言でつぶやくだけで、脳は敏感に反応し変化します。

「思考は現実化する」という有名な言葉がありますが、まさに言葉を発することで、脳がその言葉通りになるように仕向けられるわけです。

ふと漏らしたひとり言も、脳からしたら立派な現実であり、出来事です。その現実と出来事に対応するように、脳は自らを変化させるのです。

さらに夢に近づくためには、**脳の「実行機能」を働かせる**必要があります。

実行機能とは、脳の「思考系」と「運動系」が連携して、**目的に向かって思考し、手段を考え、実行する**という機能です。

「ITを学ぶためにはどんな勉強をするべきか?」、「どこの大学のどの学部を狙うべきか?」、「将来どんな企業が有望か?」など、自問自答を繰り返してみましょう。

脳全体を目的に仕向けると同時に、実際に資料を集めたり人の話を聞きに行ったりして、**活動すること＝「運動系」を働かせることで、事実化や体験化が進みます。**

それによって、着実に目的に近づいていくことができるのです。

talk to myself

右脳由来のひとり言を左脳のひとり言に変換する

私のひとり言の特徴の一つに、とくに理由がないのに、ときどき確信的な言葉が飛び出すというのがあります。

典型的なのが、米国で研究しているときに、決して結果が出ているわけでもないのに、「**ここにいたら絶対にうまくいく**」、「**今やっていることにこそ価値がある**」と、ずっとつぶやいていたことです。

今から考えると、ほとんど何の根拠もなかったといえるかもしれません。

当時私は、厚生労働省の海外派遣制度を使い、米国でアルツハイマー病の脳画像の研究に取り組んでいました。最初の３年は脳の研究をしないで、あえて基礎研究を学んでいました。

3年が過ぎ、研究に少々行き詰まって悩んでいるとき、たまたまミネソタ大学に有名なアルツハイマー病の専門医がいることがわかり、友人と会いに行きました。するとこれまでやってきた基礎研究を使ってアルツハイマー病の臨床脳画像を研究しようということになったのです。

地道にやってきたことが実を結んだのも、**自分のひとり言によって自分を信じることができたから**だと思います。結果的に、この研究が今の私の脳科学の基礎を作ることになりました。

私は何の根拠もなく、「ここにいたら絶対にうまくいく」とか、「今やっていることにこそ価値がある」とつぶやいていたわけですが、こうした〝**飛躍したひとり言**〟が出たときこそ、注意するべきだと思います。それは非言語情報を司る「右脳からのひとり言」である場合が多いからです。

右脳からのひとり言は、すごく飛躍性を持っています。ときにそれは、時空を超えて真理をもたらすものだとさえ考えます。

あまりに根拠がないので、「何を自分はわけのわからないことを言っているのだろうか？」、「根拠もないのに、よく言えるなぁ」などと**つい否定しがち**です。ですが、それはとてももったいないことです。

飛躍しているひとり言や、突拍子もない言葉が出てきたら、まず頭ごなしに否定せず、**しばらくその言葉を温めてみて下さい。**

すると、不思議なことにその言葉を補強したり、証明したりするような事実や偶然が、後からどんどん出てきたりします。

そのときに、**左脳を働かせて因果関係を考えてみる**のです。

右脳はときに、未来を透視するような飛躍した力を発揮します。

それに対して、左脳はチェーンのように言葉と言葉がつながって、着実に事実化していきます。

右脳のひとり言を、左脳のひとり言が言語化し、事実化することで、夢や目標が実現していくと私は考えています。

talk to myself

老いるどころか年々威力を増す

右脳の直感的なひとり言を、頭ごなしに「否定」することは禁物ですが、**「検証」することはひとり言の事実化には必要不可欠**です。

手前みそになりますが、私がｆＮＩＲＳの技術を発見、開発したとき、「これはｆＭＲＩを超える」と直感しました。

ただし、それと同時に、**「本当にそうか？」という問題提起と、それを検証するひとり言をつぶやいていた**ことも確かでした。

問題提起や検証することは、左脳的な作業になります。

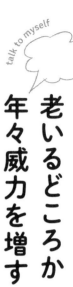

具体的に実験を繰り返しながら、ｆＮＩＲＳの有用性を検証していきました。

前述したように、私はｆＭＲＩを学ぶために米国のミネソタ大学に渡り、その道のパイオニアである恩師らに学んだわけですが、学ぶ機会を与えてもらった恩に報いるためにも、発見したｆＮＩＲＳの完成度を上げなくてはならないと考え、試行錯誤していました。

そんなとき、**「押してダメなら、引いてみな」**という言葉が脳裡に浮かび、自分のｆＮＩＲＳの技術そのものを疑って、検証し始めました。

話は逸れますが、私はいつしか**「ひとり言ノート」**を作り、そのときにひらめいた言葉などを書きつけるようになりました。あえてひとり言を生み出すために、ノートを持参してカフェに行くこともありました。

ミネソタ大学と自宅の途中にあるダン・ブロス・コーヒー（Ｄｕｎｎ Ｂｒｏｓ Ｃｏｆｆｅｅ）に行くと、ひとり言が出やすいので頻繁に通いました。

以来、旅をしたり、街を歩くときは、ひとり言が出やすい〝**ひらめきカフェ**〟を探す癖がつきました。４年前に旅したバンクーバーでも〝ひらめきカフェ〟を見つけると、毎日通いました。

そして２０２２年、ｆＮＩＲＳの発見から31年目に、脳機能を定量する技術を完成させて、国際特許と論文にまとめ、発表しました。

fMRIはもちろん、従来のfNIRSでもできなかった、脳機能を頭皮上から定量的に評価できる技術を確立したのです。

私は、自分のひとり言を信じたおかげで、30年以上も一途に研究を続けることができました。

生物学的にはとっくに老化しているはずなのに、私の脳が生み出すひとり言は老いるどころか、年々威力を増しています。ひとり言の威力たるや、恐るべしではないでしょうか。

いずれにしても、**右脳のひとり言に対して、左脳で言い返してみてください。**


「それって本当かな？」

「どこかに間違いや問題はないだろうか？」

「例外事例はないだろうか？」

自分の頭の中で、**右脳と左脳の真剣なセッションが繰り返される**わけです。

　この過程に、外側の世界に溢れている雑多な情報はほとんど関係ありません。というか、むしろそれらは邪魔なノイズのようなものです。

　ところが得てして、私たちは何かしら**外から入力しないと、不安になりがち**です。

　ですが、何度も言うように、**信じるべきは自分の脳**なのです。

　自分の左右の脳を信じ、内側で激しく対話を繰り返す――。

　新しいものや真理というものは、そうやって辿り着けると考えます。

図4 右脳のひとり言を左脳で受け止める

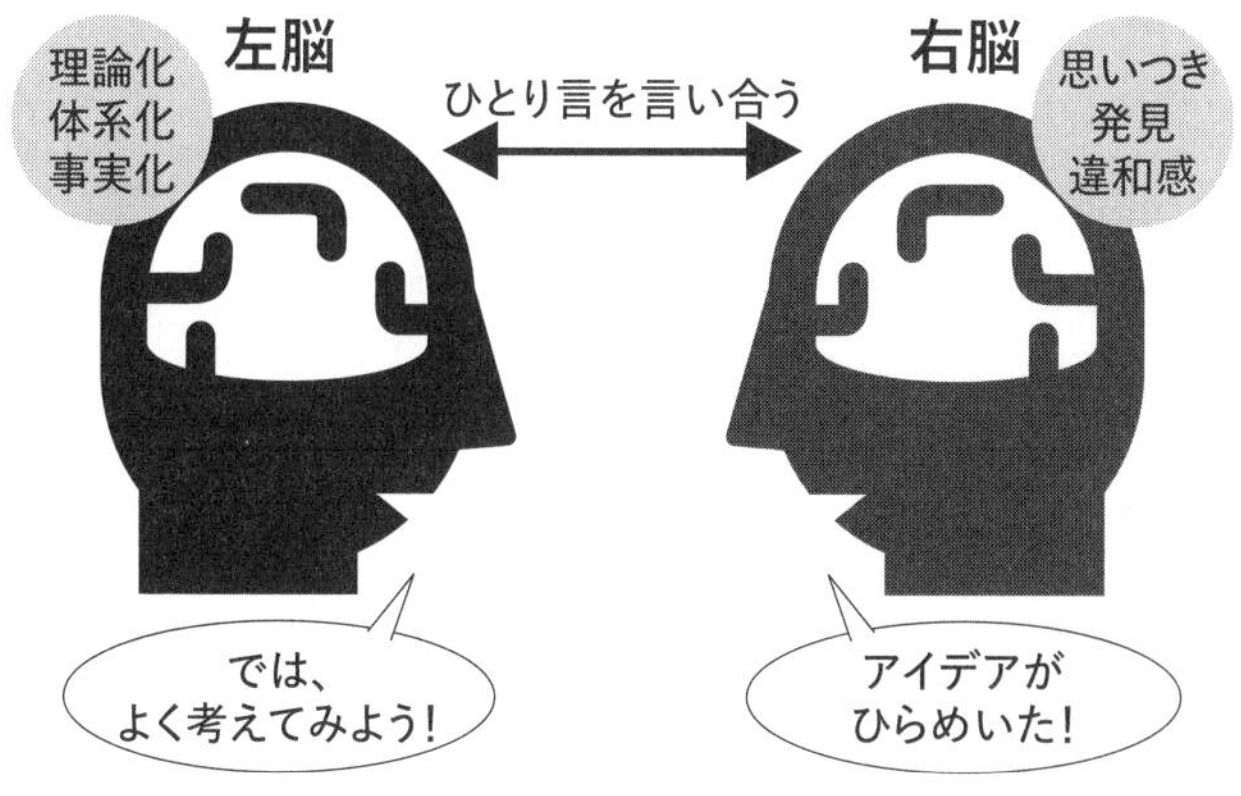

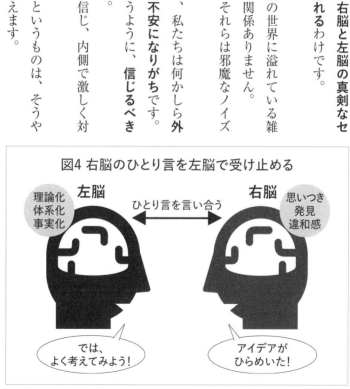

talk to myself

集中力がアップするつぶやきとは?

「はじめに」でも触れましたが、英国の研究で、**ひとり言で集中力が増す**という実験結果がありました。

このことを、改めて脳の仕組みから解説してみましょう。

実験ではある数を見つけるオンラインゲームを4つのグループに分けて、その成績を比較したということです。

より早く反応するイメージを持ってゲームをするグループ、起きるかもしれない状況を予測してゲームするグループ、ひとり言をつぶやくグループ、とくに何もしないグループです。

結果は前にお話ししたように、最も優秀だったのがひとり言をつぶやいたグループでした。

しかも「90点を取るぞ」というような具体的な目標を立てるより、「一番になりたい」「できるだけ頑張るぞ」といったひとり言がもっとも有効だったそうです。

オンラインゲームですから、おそらくコントローラを使いながら対戦するのでしょう。ひとり言をつぶやくことで、まず左脳の「思考系」が刺激され、左脳の前頭葉から「運動系」に指令がいきます。

このとき、ひとり言をつぶやくことで脳がモチベーションを上げ、臨戦態勢に入るということだと考えます。

その他の3つのグループは、**いずれも言葉を発声していない**ことに注意してください。おそらくですが、ひとり言はつぶやくことで「運動系」脳番地を働かせています。

ゲームでは視覚で数字を捉え、ある数を見つけ次第、手と指を動かしてコントローラを操作します。

運動系が活性化されていることで、これらの動きも他のグループに比べるとスムーズに行ったと考えられます。

また、「90点を取る」という数値目標より、「一番になる」「頑張る」という言葉が有効だったのも頷けます。

90点という数値それ自体は、概念的なものです。そのため**脳の中でイメージしにくい**のです。

その点、「一番になる」「頑張る」というのは、ずっとイメージがしやすい言葉です。一番になったときに喜んでいる自分の様子、周りの賞賛する光景が連想されます。頑張っている状況も、必死でコントローラを動かす様子がイメージできるでしょう。

イメージ化しやすい言葉であるがゆえに、脳を働かせやすくなるわけです。

失った記憶を呼び覚ます便利なひとり言

ひとり言によって、記憶力が増すという実験結果もありました。

ちなみに、記憶には**「短期記憶」と「長期記憶」の2つがあります。**

短期記憶というのは、前にお話しした「思考系」と「理解系」が合わさってできた、ワーキングメモリに記憶されたものです。

一方、長期記憶はワーキングメモリから「記憶系」、とくに海馬によって情報が短期記憶から長期記憶へ転送されたものをいいます。

短期記憶が、数字や意味のない言葉の羅列のようなものが多いのに対して、長期記憶は体験に基づいたエピソード記憶などが中心です。

逆に言えば、脳は意味を持たない記号より、**意味を持つエピソード記憶を重視して**

いるのです。

実際、私たちが過去を振り返り、現在の人生、あるいは未来に役立つ情報は何かというと、歴史の教科書に書いてあった年号ではなくて、過去に体験したさまざまな体験やエピソードでしょう。

だからこそ、**過去の体験を通じたエピソード記憶が、海馬の長期記憶の中枢に収められるわけ**です。

ひとり言は、出来事である、とお話ししたと思います。

脳にしてみると、声帯や顔の筋肉を動かして発せられた言葉は、発せられたという事実で、エピソードと同じ意味と重みを持ちます。

それゆえに、何かを覚えるときは体を動かし、声を発声して覚えます。それによって、エピソード記憶に近いものとして、長期記憶に残すことができるのです。

また、蓄えられた**長期記憶を呼び覚ますときにも、ひとり言が大きな力を発揮**します。探し物をするときに、無言で探すより、「**ノートはどこに行ったのかなぁ**」とひとり言をつぶやきながら探してみてください。

すると、ノートという言葉をキーワードにして、さまざまな連想が浮かび、それが**長期記憶を刺激して、ノートのありかがフッと思い出される**わけです。

長期記憶に入っている情報は、ワーキングメモリを使わないと取り出せません。そのワーキングメモリを動かすのが、ひとり言なのです。

総じて言えば、記憶力をアップさせるには「言葉」――それも「ひとり言」がとても大きな力を持っているということです。

第 3 章

talk to myself chapter-03

脳に「良いひとり言」と脳に「悪いひとり言」

talk to myself

成功する人は誰もが「良いひとり言」をつぶやいている

成功している会社の経営者は、ひとり言と向き合うことが上手なのではないでしょうか？　彼らは本当に大事なことは、誰にも相談できません。最後は、自分自身で判断するしかないとわかっています。

孤独の中で、彼らが**最後に相談するのは、自分自身でしょう。**自分自身に問いかけることが、一番良い結果になるということを知っていると思います。

米国の実業家のロックフェラーは、「**未来は現在の過ごし方にかかっている**」、「**自分を見失わず着実に前進しろ**」というのが口癖で、絶えず自分自身に言い聞かせていたようです。

成功している人は、**意識的に〝良いひとり言〟を用いている**のです。

一方で、否定的で、たんに悪態をついているだけのような、**生産性の低いひとり言**もあります。

そのようなマイナスのエネルギーを持ったひとり言を発していると、自分自身がどんどん非生産的でマイナス思考の人間になっていきます。

そう考えると、**ひとり言は扱い方次第で、とても危険なものでもある**ということができます。

私のクリニックを訪れる人たちの中にも、否定的でマイナスの言葉ばかりつぶやいている人がいます。やはりそういう人の脳は、極端に活動が弱くなっています。

良いひとり言は、脳を活性化させ、悪いひとり言は脳をダウンさせます。そう言い切ってよい、と私は考えています。

この章では、「良いひとり言」と「悪いひとり言」の違いは何かについて考えながら、人生を豊かにする**良いひとり言の選び方とつぶやき方**を見ていきましょう。

talk to myself

良いひとり言とは肯定的なつぶやきだ！

良いひとり言の特徴は、**ポジティブ**であるということです。

「きっとできるはず」、「うまくいくさ」と自分の可能性を信じる言葉や、「私は正しい」、「我ながらあっぱれ！」といった**自己を肯定する言葉**がそれに当たります。

誰でも、右のような肯定的な言葉を投げかけられたら、**気分は良くなる**でしょう。それは自分自身に投げかけるひとり言でも、まったく同じです。

気分が良くなれば、脳は活発に動き出し、良いアウトプットができるようになります。

自分が一番気分が良くなる言葉が何かを調べてみて下さい。

人それぞれによって、脳が働きやすい言葉は違いますから、何度か口にして試してみるといいでしょう。

ちなみに私は、「やれるんじゃない？」「いけるんじゃない？」というような**自分を激励したり、鼓舞する言葉をよく使います。**

なぜなら、私が身を置く研究の世界は、理論が発見され、認められれば、他者から賞賛を受けることができますが、その前の段階では、賞賛どころか誰も見向きもしてくれないからです。

もちろん、賞賛がほしくて研究をしているわけではありませんが、**自分の研究が価値あるもので、自分のやり方が間違っていないと信じるため**にも、自分で自分を賞賛したり、激励するようなひとり言をつぶやいて、自分を鼓舞するわけです。

前述した会社の経営者と同じく、孤独な世界なので、自分で自分を支えるしかないのです。

私自身も、自分のひとり言によって支えられてきたと思っています。

ネガティブなひとり言は脳の自殺行為だ

良いひとり言がポジティブな言葉であるのに対して、悪いひとり言はその逆のネガティブな言葉です。ポジティブな言葉は脳を活性化させますが、**ネガティブな言葉は脳の働きを抑え、フリーズさせてしまいます。**

「ダメだ」「できないよ」といった自分を否定するような言葉や、「ちくしょう!」「ばかやろう!」という怒りの言葉、「もう嫌だなぁ…」といった嫌悪の言葉をつぶやいていませんか?

残念ながら、このような言葉を発すると、脳の働きが一気に悪くなります。神経細胞も活性化することなく、脳は**フリーズ状態になる**のです。

前述したように、うつ病の患者の脳がまさにこうした状態になっています。「視覚系」、「聴覚系」といった情報入力に関係する脳番地が落ち込むことで、「思考系」や「理解系」などワーキングメモリーに関係する脳番地が慢性的にフリーズし、「記憶系」や「感情系」の脳番地が動かなくなるのです。

そうなると、ますます気分が落ち込んで、さらにネガティブな言葉を発してしまいます。この悪循環によって、うつ状態から抜け出すことが難しくなってしまうのです。ネガティブなひとり言は、自分で自分の脳を動かなくしてしまうわけですから、脳の自殺行為と言っても過言ではないでしょう。

ただし、人間ですから、ときにはマイナス思考になったり、落ち込んだりしてネガティブワードが口から出てしまいます。

そんなときは、「**なぜ今、こんなネガティブな言葉を言ってしまったのか?**」と、左脳を働かせて、その原因を推測してみることをお勧めします。

「どうしてこんな言葉が出たのかな?」→「きっと昨晩の睡眠不足で疲れているからだな」→「よし、今日はしっかり睡眠をとろう」

原因を考え、対策を決めることで、脳はフリーズすることなく、むしろ停止しかけたのが再び活性化することになります。

ひとり言のタブー「どうせ自分は……」

talk to myself

ネガティブなひとり言の中でも、最悪なひとり言があります。

「**どうせ**俺なんか、何やってもダメなんだ」
「**どうせ**私なんて、誰も相手にしてくれないんだ」

この「**どうせ私は〜**」というフレーズほど、自分を損なう言葉はありません。
ですが、クリニックを訪れるうつ病傾向の人の少なからずが、このフレーズをつぶやきます。

私は、「どうせダメだって、今言ったけど、何がダメなの？」と聞きます。

すると、「だって、今までもやろうと思ってきたけど、ダメだったから」とか、「今まででできたことがないから」というような答えが返ってきます。

「どうせ」という言葉を頭に持ってくると、もはや**すべてが否定されてしまう**文脈になってしまいます。

でも本当に、すべてがダメなのでしょうか？

現実には、そんなことはあるわけがありません。

もし本当に、すべてがダメな人間だったら、今こうして生きて生活できてもいないでしょう。

しかし、朝起きて、準備をして、クリニックにやってきているわけです。

そして、私に面と向かって相談している時点で、**人並みにできていることがたくさんあるはず**です。

できていることを一切無視し、ダメなところやできていないところだけにフォーカスする言葉が、「どうせ自分は～」という言葉なのです。

それは本当の自分の姿を映し出す言葉ではなく、**「自己否定」と「自己限定」を呼び覚ますだけの言葉**です。

「だって、こうしてあなたは今日一日を生きているでしょう。それだけでも素晴らしいことじゃない?」

「あなたが存在していることで、力になっている人がいるでしょう?」

と、私は聞きます。

すると、自分を卑下ばかりしていた人もハタと思い至るようです。

否定的なひとり言は、脳の働きを低下させ、思考を停止させてしまいます。

「どうせ~だから」という言葉は、その際たるものです。

ひとり言のタブーとして、使わないように心がけてほしいと思います。

talk to myself

「不自然な言葉」は脳の仕組みに合わない

良いひとり言は、「**腑に落ちる**」ものでなければなりません。

一見、肯定的な言葉でも、あまりにも不自然でそぐわない言葉では、良いひとり言とは言えません。

「素晴らしいなぁ!」
「すごいなぁ!」

心の底から漏れた言葉であれば、これほど良いひとり言はないでしょう。

ただ、頭の中ではさほどいいと思っていないのに、**無理してつぶやいても効果はあまり期待できません。**

むしろ本心ではそう思っていないのに、その気持ちをごまかしてつぶやくと、**脳は混乱してしまいます。**

脳というのは、とても生理的な仕組みで動いています。ですから、その**生理に反するものを受けつけない**という性質があります。

本心の言葉じゃなかったり、嘘の言葉だったりすると、ネガティブなひとり言と同じく、脳がフリーズしてしまう可能性があります。

その意味で、偽悪的で強引な内容のつぶやきや、決めつけのつぶやきも同じだといえます。

「結局、世の中はお金だ」
「しょせん結婚なんて、互いの利害で成り立つのさ」
「周りは悪人ばかりだ」

斜に構えた偽悪的な言葉や、強引な決めつけの言葉は、ネガティブな言葉と同じく脳の活動を限定してしまいます。

そもそも脳は、**もっと賢かったり冷静だったりします。**

本人が言葉にする内容に、嘘や誇張、思い込みや独断が混じっている場合、無意識でそれを察知しているのです。

「言葉」と「脳」が矛盾した状態は、不安とストレスを生んでしまいます。

それを感じないようにするために、脳は自ら判断を保留したり、騙されたふりをしてしまうのです。

いずれにしても、不自然で本心から離れたひとり言や、極端に決めつけが強く偽悪的な言葉は、脳の働きを抑えてしまうので注意が必要です。

talk to myself

「難しい言葉」よりも、「親近感のある言葉」を使う

以前、こんな実験をしたことがあります。
被験者が**さまざまな単語を聞いたとき、脳がどのように反応するか**を調べたのです。
すると、面白い結果になりました。

みなさんは「**ライオン**」や「**ネコ**」という言葉を聞いたときと、「**三角形**」や「**四角形**」という言葉を聞いたときの、どちらの方が脳が活性化すると思いますか？

答えは、「**ライオン**」や「**ネコ**」**という言葉の方が、脳が活性化した**のです。

両者の違いは何でしょうか？

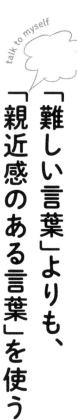

「ライオン」や「ネコ」はいうまでもなく動物であり、その鳴き声や姿かたち、動きなどが連想しやすいものです。

一方の「三角形」や「四角形」は、より概念的な言葉です。鳴き声のような付随した情報もありません。

私としては、概念的な言葉や難しい言葉の方が、それを理解しようとして脳がより働くのではないかと考えていましたが、見事に外れてしまいました。他にも、さまざまな言葉で実験を繰り返しましたが、結果は同じでした。

このことから、脳を活性化させるひとり言と、そうでないひとり言の違いも見い出せると思います。

つまり、**日常的で親近感があり、連想が広がりやすいひとり言の方が、より脳を活性化しやすい**ということです。

たとえば、

「昨今の情報社会は間違っている！」

と嘆くよりも、

「スマホばかりいじっていては、人間がダメになるよね」

と、**より具体的に問題点を提起する言葉でつぶやく方が、脳はより活性化する**わけです。

スマホの話であれば、以下のように**思考がどんどん広がっていきます。**

「だって、スマホばかり見ていたら、他人との直の会話が減ってしまうでしょう」

「スマホで調べるから、人から聞かなくてもいいとなるし……」

「自分の周りに、もっと関心を向けるべきでは？」

このように、思考を深めていくことができるのです。

ひとり言は、**できるだけ簡単で、身近な言葉で話す**ようにしましょう。

その方が、脳はより活性化するわけです。

talk to myself

落ち込んでいるときはその原因を探るひとり言をつぶやく

ひとり言は、使い方次第です。

落ち込んでいるとき、気分が暗いときに、「もうダメだ」とか、「どうせ私は〜」などとネガティブなひとり言をつぶやいたら、当然さらに気分がダウンしてしまいます。

では、そうしたときに、どういうひとり言をつぶやいたらいいのでしょうか？

1つは、**自分を鼓舞するひとり言をつぶやく**ことです。

「大丈夫だって！」、「気にしない気にしない！」、「いまに良くなるって！」と、自分に言いきかせてみるのです。

言葉には、発した方向に脳を働かせる力がありますから、不思議と呪文のようにその言葉が効いてきます。少なくとも、ネガティブな言葉のように、脳がダウンすることはありません。

もう1つは、**落ち込んでいる理由や原因を探るひとり言をつぶやく**ことです。

「なんで落ち込んでいるんだろう?」「どうしてこんなに気分が暗いのか?」というように、なぜ? なぜ? と理由を詰めていくのです。

すると不思議なことに、気分が冷静になります。

疑問形でひとり言をつないでいくうちに、**論理的で分析的な左脳が優勢になってくるから**です。

「こうすれば、きっと良くなるはずだ」という解決の糸口が見えてきたり、「もしかして、これから良くなるんじゃないか?」と希望が見えてきたりします。

「感情系」の脳番地からどんなにネガティブな気分が沸き起こったとしても、それに流されたり溺れたりせず、むしろヒントにして、真の自分を見極めるという態度が必要だと思います。

とくに発達障害やうつ病を抱えている人は、思うように動けない自分に対して否定的になりがちです。

そればかりか周囲の声も、「なんで仕事をしないのか?」「もっと頑張れよ」などと、激励というより非難めいた言葉が多くなりがちです。

こうした声に押しつぶされて自己肯定感が削られてしまう人は、意識して自分を鼓舞する言葉をつぶやいたり、冷静になれる言葉をつぶやきましょう。

マイナスの言葉を相殺するくらいのプラスの言葉で、自己マネジメントをしていく必要があります。

図5 落ち込んでいるときは2種類のひとり言が効く!

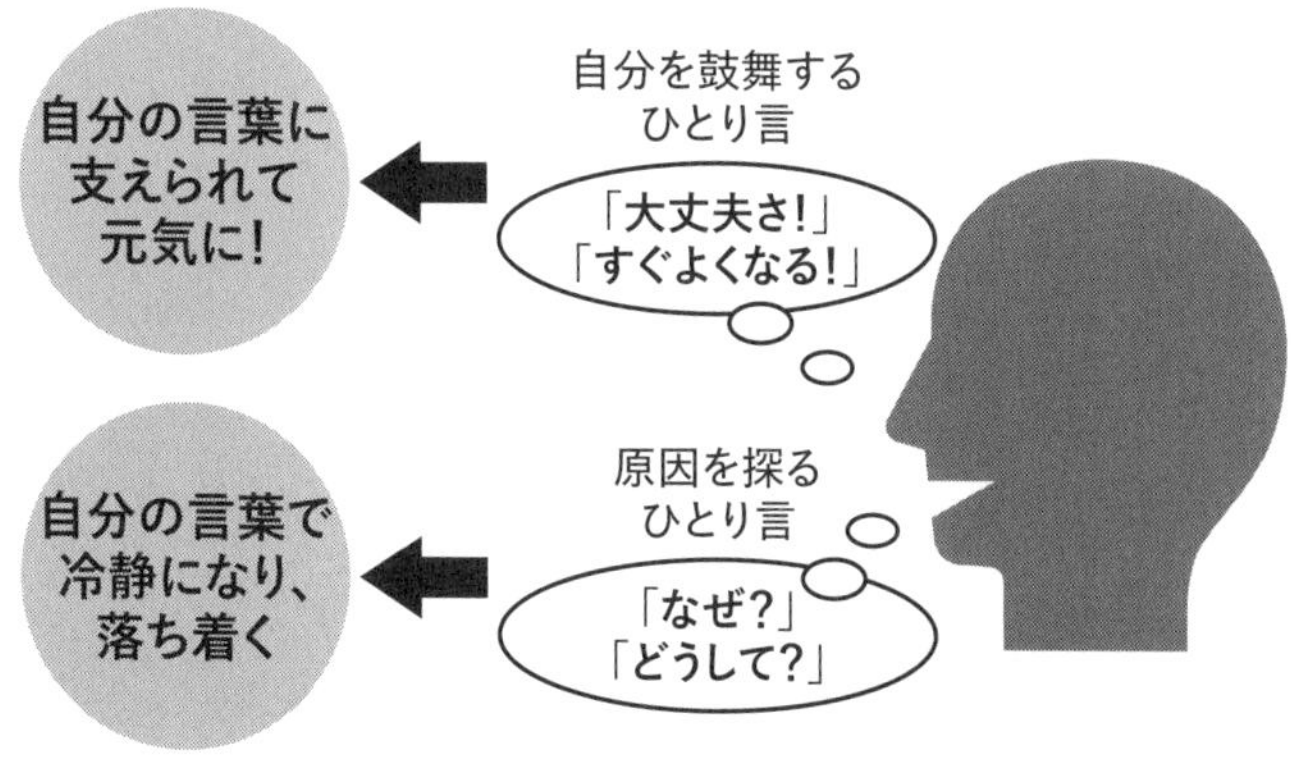
自分を鼓舞する
ひとり言
「大丈夫さ!」
「すぐよくなる!」
自分の言葉に
支えられて
元気に!
原因を探る
ひとり言
「なぜ?」
「どうして?」
自分の言葉で
冷静になり、
落ち着く

talk to myself

自信過剰になるひとり言は避ける

落ち込んだときとは逆に、テンションが高く、気分がノッているときに、それを煽るようなことを言うのはあまりお勧めできません。

「俺は何をやってもうまくいく！」
「私は天才だなぁ！」

自信を持つのはいいのですが、**それがあまりに過ぎると自信過剰になり、結果として大きな失敗に結びつく**場合があります。

テンションが高いときにつぶやくひとり言は、「感情系」由来のものが多いでしょう。
前述した気分が乗らないときと同様に、「どうして自分を天才だと思うのだろうか？」、

「うまくいく理由は何だろう？」と冷静に考え、左脳を働かせるようにしましょう。

「なぜそう考えたか」をひとり言で反芻することで、**興奮状態が収まり、冷静に考えられるようになる**はずです。


「私は新しい発想を思いつくのは得意だけれど、計画通りに進める能力は少し欠けているかもしれない」

「誰に対しても優しいわけではないけれど、親友と呼べる人は人よりも多いと思う」


このように、**自分の優れたところと足りないところがはっきり見えてくる**のではないでしょうか。

こうした思考ができるひとり言は、間違いなく「良いひとり言」です。

逆に、感情に流され、**冷静な判断を失ってしまうようなひとり言は避けるべき**でしょう。


私自身は、人それぞれの能力は、それほど差はないと考えています。

ただ、脳の仕組みを理解して、**自分の脳が働きやすい言葉を使える人と、そうでない人の違いがあるだけ**だと考えます。

正しくひとり言が言える人は、どんどん自分の能力を伸ばしていくことができます。逆に、正しくひとり言が言えない人は、自分を傷つけ、せっかくの能力をみすみす封印してしまっています。

この章で、「良いひとり言」がどんなものか、だいたいわかっていただけたでしょうか？　次の章では、脳に良いひとり言を、正しく使う具体的な方法を解説していきたいと思います。

第4章

talk to myself chapter-04

潜在能力が開花する ひとり言5段活用

ひとり言を活用すれば不可能が可能になる！

talk to myself

ここまで、ひとり言の「本質」と「効果」について、さまざまな視点から論じてきました。この章では、そんなひとり言の「使い方」について、順を追って明らかにしたいと思います。

前述したように、私の場合は右脳からのインスピレーションによるひとり言が、圧倒的に多いように思います。

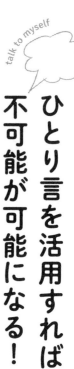

つまり、ほとんどが無意識のうちに口について出てくる言葉です。

というのも、私はもともと右脳が優位に発達しているため、**左脳で意識して言語化するのが遅れる**のです。左脳の「伝達系」脳番地を十分に使いこなせていないわけです。

そのため言葉を口に出して、自分の耳で聞くことで、はじめて自分のひとり言を認識します。口に出すだけでは不十分で、前述した「ひとり言ノート」に書き出して、ようやく認識することができる場合もあります。

そのうえで、どうしてそんなひとり言をつぶやいたのだろうか、と考えます。考えながら、「そうか、そういうことか」とか「なるほど、これは面白いアイデアだ」とひとり言をつぶやきます。そうすることで、**自分の脳の中に眠っていた知恵や発想などを言語化し、意識化する**わけです。

このように**無意識につぶやいたひとり言の意味を考えることで、私自身は多くの気づきがありました。**前述したfNIRSの発見もしかり、今に至るさまざまなことをひとり言で自問自答しながら、私なりに結論を導いてきたのです。

ひとり言を有効活用する上で有益なこの方法を、皆さんにもシェアするため、ひとり言を無意識でつぶやいてから自己認知、自己発見するまでの段階を5つに分けてみました。名付けて、「**ひとり言5段活用術**」です。

誰もがひとり言を有効に活用し、自分の中の眠っていた能力や知恵を発見、発掘し、育てることができると思います。

ひとり言5段活用の「第1段」

無意識に出るひとり言に意識を向ける

ひとり言には意識的に言うものと、無意識に口から出てしまうものと、大きく分けて2種類あります。

しかし、ひとり言の大半は、無意識に（とくに注意を向けていないときに）口から出てしまうものではないでしょうか。

無意識であるがゆえに、口にしたことも忘れてしまう場合が多いと思います。これはもったいない、と私は考えます。

これまでお話ししてきたように、ひとり言というのは、脳の中にしまい込まれたその人の記憶や体験が、**瞬間的に意識化されたために、噴き出してきたもの**だと考えます。

だから、単に口から意味もなく出てきた言葉の断片や、思考のバグではないのです。

今この瞬間に、口から出てきたことに何らかの意味があり、必然性があるといえるわけです。

すでにここまで読んでもらった読者の方なら、私の考えに納得してもらえると思います。

ただし、**無意識で思わず口に出た言葉をキャッチするのは意外に難しい**ことです。しっかりとしたメッセージとなって飛び出すこともありますが、なかにはほとんど意味のないつぶやきや、ときには「あー」とか「うー」のような音声だけのものもあります。

そのシグナルを見逃さない、という姿勢が大切です。

そのためには、ひとり言の価値をしっかり認識し、日ごろからひとり言に意識を向けることです。

その訓練となるのが、意外かもしれませんが、**他人のひとり言に注意を向ける**ということです。

私自身は、他人のひとり言を聞くことが得意です。ひとり言で、**相手が考えている****ことや思考のクセや相手の性格などがわかります。**

たとえば、「もったいないねー」と口癖のように言う人は、ムダを嫌う合理主義的な人物ではないでしょうか。

「ハァー、大変なんだからもう！」という感じのことをよく言う人は、頑張っている自分を知ってほしいという承認欲求が強い人のように思います。

このように、**ひとり言は人物判断や、相手とのコミュニケーションの仕方の参考になります。**

そして、何よりの効用は、**自分のひとり言に対して注意深くなれる**ことです。

日頃から他人のひとり言に意識を向けているので、自然と自分のひとり言にも注意が向き、聞き逃さずキャッチすることができるようになるのです。

ひとり言5段活用の「第2段」

「ひとり言ノート」に書き留める

口から発せられたひとり言は、**一種の「夢」のようなもの**だと考えて下さい。

寝ている間に見る夢は、起きたときには覚えていても、時間が経つごとに記憶がおぼろげになり、最後にはすっかり忘れてしまうことがあります。

夢は、寝ている間のひとり言のようなものでしょう。

無意識から送られてきたメッセージは、右脳のイメージ的な要素が強いので、**意識してつなぎとめようとしないと、どんどん消えていく**のです。

夢の内容を記憶につなぎとめるのに、私がよくやるのが**「夢ノート」**をつけることです。文字で残しておくと、それを後から読んだときに、まざまざと夢の各シーンが蘇ってきます。何年たってからでも、映像として思い出せるのがすごい。

おそらく書き出していなければ、1週間もしたらすっかり消えてしまうのではないでしょうか。

「ひとり言」も、「夢」と同じです。

口から出た言葉を意識でキャッチしても、それをつなぎとめておかないと、時間を経るうちに記憶から消えてしまいます。

そこで、発したひとり言を書き留めておきましょう。

できれば、「**ひとり言ノート**」として1冊作ることをお勧めします。

理想としては手元に置いて、つぶやいた瞬間に書き留めることですが、なかなかそうはいきません。

手元にない場合は、すぐに忘れてしまわないよう、**そのひとり言を繰り返してつぶやきます。**

最初は無意識からのつぶやきでしたが、再びそれをリフレインすることで、完全に意識的なひとり言となります。

それが「思考系」や「理解系」脳番地によるワーキングメモリを働かせることにな

るので、**短期記憶としてしばらく残る**ことになります。

それを、後から「ひとり言ノート」に書き出すのです。


ノートに文字で書くという作業は、手と目を使いますので、「運動系」と「視覚系」の脳番地を大いに刺激します。

なんと言っても、文字で残りますので、どれだけ時間を経てもそれを読めば、夢と同じように、そのときの状況や光景も思い出されることになります。

何もしなければ風のように消えていくひとり言が、こうすることによってしっかりと**自分の意識と記憶に定着する**のです。

ひとり言5段活用の「第3段」

つぶやきの意味とメッセージを読み解く

ひとり言をノートに書き留めたら、次はそのひとり言の意味やメッセージを解読する段階となります。

ノートに文字で書かれているので、もはや忘れることはありませんが、一番大事なのはその**ひとり言の意味を自分なりに解釈すること**です。

じつは面白いことに、**「言葉の意味」と「言葉そのもの」は働く脳番地が違う**のです。

言葉そのものは、「記憶系」脳番地の担当です。

私たちは学習して言葉を習得するわけですが、それを記憶系がしっかり記憶にとどめているから、言葉が出てくるわけです。

ただし、**その言葉を口から発したからと言って、意味を理解しているということに**

はなりません。「伝達系」脳番地を使って、文法や文章の構文を考えたうえで話しているとは限らないのです。

とくに私たちが無意識にひとり言を発しているとき、言葉は発していますが、本当にその意味を理解しているかどうかは怪しい。

言葉の意味はあくまでも、「理解系」脳番地が働くことによって、理解され、付加されるのです。

そこで、まずは無意識に口から出たひとり言を、ノートに書くことで、脳にそれを意識させます。さらに、そのひとり言に対する自分なりの解釈を、ノートに書き加えていきます。

「私はいったい、何をやっているんだろうか……」

このようにつぶやいたとしたら、なんで自分はこうつぶやいたのかを自問自答してみるのです。

「今やっていることに不満があるからだろうか?」↓「どこに不満があるのか?」↓

「本当はどうしたいと考えているのか?」

このように自問自答しながら連想していくのです。そのときどきの状況によって、必ず自分が腑に落ちる解釈があるはずです。それを書き加えながら、ひとり言を掘り下げ、思考を深めていくのです。

ちなみに、自問自答をするためのコツがあります。それを以下で解説しましょう。

自問自答のコツ①　ネガティブなひとり言こそチャンス！

ネガティブなひとり言は、それ自体は決してよいひとり言とは言えません。ただし、うまく活かせば、自分自身を変えるチャンスにすることができます。

ネガティブなひとり言には、**ポジティブなひとり言以上に自己を見つめ直し、成長させる可能性が眠っている**からです。

ネガティブワードこそ注目せよ——私はそう、自分に言い聞かせています。

ネガティブな言葉には、**自分自身が隠し持つ劣等感や思考の偏り、欠落したものな**

どが表れています。

ネガティブなひとり言に気づいたら、ここぞとばかり、「なぜそんなことをつぶやいたのか？」「どうしてこんな言葉を洩らしたのか？」と、自問自答をしてほしいと思います。

自分自身を振り返るきっかけになるという点で、ネガティブなひとり言は、むしろ良いひとり言に転化する可能性を秘めているのです。

自問自答のコツ②　「認知の歪み」がないかどうかを検証する

ネガティブなひとり言に対して、自問自答し、深掘りする際に大いに参考になるのが**「認知の歪み」**でしょう。

心理学の認知行動療法の中で明らかにされているのが、「認知の歪み」です。これは、**人にはそれぞれ思考の癖があり、それによって対象を歪んで捉えてしまう**というものです。

たとえば、「**あの人はきっと私のことを嫌いなんだろうな**」とつぶやいたとします。私のことを嫌っていると感じた理由が、「**挨拶を返してくれなかったから**」ということだとしましょう。

挨拶を返せなかったのは、目が悪くてよく見えなかったせいかもしれません。あるいは、他の人と話をしていて注意が向かなかったこともあり得ます。

たった1回、挨拶を返してくれなかったという理由だけで、「嫌われている」と判断するのはあまりにも結論を急ぎすぎでしょう。

これは認知の歪みのパターンの一つ、「**行き過ぎた一般化**」によるものです。

私たちは得てして、根拠が不十分なまま、早まった結論を出す傾向があります。ひとり言で、「**きっと〜にちがいない**」とつぶやいたときには、この「行き過ぎた一般化」に当たらないかどうかを自問自答してみるとよいでしょう。

「認知の歪み」は種類が多く、他にも以下のようなパターンがあります。自分が当てはまっていないかチェックしてみて下さい。

◎全か無か思考（白黒思考）

ちょっとしたミスや失敗で、その人の評価を「何をやらせてもダメだ」、「まったく仕事ができない」と**全否定する場合**があります。

しかし、何でも完璧にできる人など存在するでしょうか。100％善人という人もいなければ、根っからの悪人もほぼいないでしょう。

多くはグレーゾーンにあるにもかかわらず、**どちらかであると断定しないと気が済まない、**という認知の歪みのパターンがあります。

◎マイナス思考

たとえよいことがあっても、悪い方へと考えてしまう思考パターンです。

たとえば、テストで95点を取ったら、ほとんど誰もが「よし！　上出来だ！」と考えるでしょう。ところが、「あと5点取っていれば100点だったのに……」と**マイナスに解釈してしまう人**がいます。

これがマイナス思考で、**いいことがあっても素直に喜べないのが問題**です。うまくいった部分があればそれを喜ぶという気持ちがないと、たとえ100点をとっても「まぐれだろう」、「次はとれないかもしれない」と考えてしまい、気持ちが晴れることはありません。

◎結論の飛躍

ほとんど根拠もなく、「自分は幸福にはなれない」とか、ほんのわずかな言動で、「彼は悪人だ」と決めつける思考のパターンがあります。

本当にその結論が、**合理的な判断で導かれているものかどうか、**思い込みや決めつけではないかを検証する必要があります。

◎レッテル張り＝ラベリング

偶然起きたことや、たった一つの事実で、その人全体の評価を下してしまうことです。仕事での失敗は、状況によっては多かれ少なかれ誰にでもありますが、それを属性化して考えたり、極大解釈してしまいます。

「あいつは仕事に対して不誠実だ」、「あの人はラテン系の国の人だから、やっぱり異性にだらしがないのだ」というように、**結論に飛躍があり、決めつけがある**のです。

◎「個人化」と「自己非難」

本当は**自分に関係のないことも、自分の責任だとか自分のせいだと考えてしまうこ**とです。

「プロジェクトがうまくいかなかったのは私の責任だ」、「家族の仲が悪いのは、私のせいだ」というように考えてしまうのですが、**よく考えてみると、原因は自分だけでなく、他の人にあること**も多々あります。ところが、すべての責任が自分にあるように錯覚してしまうのです。

◎感情に基づいた判断

人間には、誰しも感情があります。しかしその感情が、客観的な事実を反映しているかどうかは、別の問題です。

ところがそれをごちゃまぜにして、**自分の感情によって「事実はこうだ」と解釈してしまう**場合があります。たとえばこんな具合です。

「彼を見ていると不愉快になるが、きっと彼が悪人だからだ」

「朝気分が悪かったから、今日は嫌なことが起きるに違いない」

あくまでも、**「自分の感情の動き」と「事実」を切り離して考える**ようにしなければなりません。

◎拡大&過小評価

悪いことに関しては、拡大解釈してより否定的に受け止めるのに対し、良いことに対しては過小評価してしまう思考の癖のことです。

自分の性格の**弱点を大きく感じ、強みや良さを認めず、自己否定的なマインドに捉われてしまいます。**

以上のような思考のクセやバイアスがあるということを知っておくことで、自分のひとり言を分析する際に、認知が歪み、いずれかのパターンに陥っていないかを判断する手がかりになるでしょう。

ぜひ、頭の片隅に入れておいてください。

ひとり言5段活用の「第4段」

他者目線を入れて、ひとり言を言い換える

ひとり言の解釈を自分なりに終えたら、次の段階に進みましょう。自分が発したひとり言を、**他人に話したらどう反応するのか**を考えるのです。

たとえば、こんなことをつぶやいたとしましょう。

「あいつ、本当に嫌なヤツだな！」

この言葉をノートに書き留め、自分自身で深掘りします。

なぜそう思ったのか？　嫌なヤツと思った理由は何か？

「なぜなら、自分勝手だから」という理由を挙げたとしましょう。

ただし、その理由が正当かどうかは、その段階ではよくわかりません。自分の勝手な主観だからです。

そこで、その一連のつぶやきを第三者に投げかけたときに、どう反応するかを想像してみましょう。

脳は不思議なもので、**そこに第三者の視点を入れて想像しただけで、随分と見方が変わる**ようになります。

右脳の「感情系」脳番地だけでなく、左脳の「感情系」脳番地も働くことで、自分の感情を冷静に判断することができるようになります。

そのつぶやきが受け入れられるものかそうでないものかを、脳は正確に判断してくれるのです。

そして、「受け入れられない」と感じたときは、あなた自身の誤解や偏見があるはずです。その場合はさらに深掘りして、なぜ誤解や偏見が生まれたかを考えてみて下さい。

もう1つ、「**言い方を変えれば、脳は受け入れてくれるな**」と感じる場合もあるはずです。そういうときは、「アイツ、本当に嫌なヤツだな！」と言うのではなく、こう言ってみるのです。

「人の意見を聞かない、という点に関しては問題があるね」
「どうも損得勘定だけで、つき合っている感じがするね」

第三者に向かって投げかけたときに、相手がより理解してくれそうな言葉に置き換えてみましょう。

「他者目線」を入れることで、より建設的なひとり言に作り替えるのです。

いずれにしても、第三者の視点を想定することで、自分自身の思考をより深化させることができるのです。

ひとり言5段活用の「第5段」

ポジティブなひとり言を意識してつぶやく

第4段階までのひとり言は、基本的に無意識に口を突いて出てきたひとり言を、どう扱うかということでした。

この第5段階は、ひとり言の効用や効果を理解したうえで、**意識してひとり言をつぶやく**ことをやっていきます。

私たちは覚悟を決めるときや自分を鼓舞するときに、「よし、決めた！」とか「さあ、やるぞ！」という具合に、ひとり言をつぶやいていると思います。

自分自身の気持ちを整理して、次の行動に乗り出すときに、意識的に自分に掛け声をかけているのではないでしょうか。

ふだん、無意識にやっていることかもしれませんが、**意識してやることで自分自身をコントロールすることができる**ようになります。

私自身も、意図的にひとり言を発していることが多々あります。

「いやぁ、今日は最高に気分がいいなぁ」、「これは面白くなりそうだね！」というような、「ポジティブなひとり言」を意識して使うことで、気分がグッと乗ってくるのがわかります。

このポジティブなひとり言には、いくつか種類があります。以下で例を挙げてみましょう。

◎「問題提起型」のひとり言

ポジティブなひとり言には、問題や課題を提起するものもあります。

「どこが問題なんだろう？」

「どうすれば良くなるかな？」

ひとり言によって自分自身に問いかけたり、課題を与えたりすることで、自分の脳を活性化させるわけです。

よく小さな子どもが親に、「なぜ？」「どうして？」と問いかけますね。子どもは目に見えるもの、耳に聞くものを既成概念や先入観をもたずに、新鮮な実体験として受け止めます。

そこに素朴な疑問が生まれるわけですが、それ自体が脳が活性化し、成長している証なのです。

大人の場合は、素朴な「なぜ？」ではなく、**もう少し具体的な問題提起型の疑問を投げかけてみます。**

それも他人に投げかけるより、まず自分自身の頭で考える必要があります。つまり、**ひとり言として自分に投げかける**のです。

「なんで喧嘩になってしまったのか？」

「どうすれば、あの人を喜ばせることができるんだろう？」

「なんで？」、「どうして？」、「どうすれば？」を具体的につぶやいてみます。

問題や課題が明確に意識できると同時に、その解決策や解答を探そうと、脳が一生懸命に働き出すのです。

◎「ポリシーを宣言する」ひとり言

人には多かれ少なかれ、何かしらの**こだわりやポリシー**があります。

そういうものが明確な人は、他者から見ると一種の安心感や安定感を覚えさせます。

つまり、信頼できる人物と見られやすいのです。

逆に、それが見えにくい人は何を考えているかわからないから、どこか安心できない、信用しにくい人物として捉えられがちです。

まずは自分のポリシーを確立し、こだわりを明確にするためにも、それらを「言葉」にしてみましょう。たとえば、次のように、ひとり言でいいのでつぶやいてみるのです。

「私は絶対に、人の道に背くことはしない！」

「自分に嘘はつきたくない！」

「自分の利益ばかり考えている人にはならないようにしよう！」

この場合の「**～したくない**」「**～しない**」**は、決してネガティブな気持ちからのものではありません。**

自らを律し、より高めたいというポジティブな気持ちが、**自己規範を作り出しているわけです。**

皆さんも自分のこだわりやポリシーを言葉にして、ひとり言で自分に言い聞かせてみてください。声に出して唱えることで、自分を作り替え、自分自身を確立することにつながっていくはずです。

◎「希望や未来を表す」ひとり言

ポジティブなひとり言には、「～したい」とか「～になりたい」というような、希望や未来に対する言葉があります。

「行政書士の資格を取りたい」

「将来キャビンアテンダントになりたい」

自分の希望や未来の夢などを言葉にして、ひとり言をつぶやくことで、**脳をその目的に向けて働かせる**ことができます。

よく元旦に1年の計を書いたり、目標を紙に書いて机の前やトイレなど目にするところに貼っておくとよいと言われます。ことあるごとに目にすることで、脳がその目的に向かって働き出すことが期待できるわけです。

それと同じ効果を、ひとり言としてつぶやくことで実現するのです。

おまじないや呪文には、**言葉による自己暗示の力**が大いに利用されていると考えます。言葉には昔から、そういった暗示的な力が秘められています。

その力を目標達成に利用するということです。

◎**「自己肯定する」ひとり言**

自分らしく生きるためには、自分で自分を認める「自己受容感」や「自己肯定感」

が必要です。

ところが私たちは、子どものときから受験などで**他者と比較される環境に置かれています。**

社会人になってからも、出世競争などで同僚たちとの競争が待っています。つねに他者と比較され、他者から評価される状態に置かれるわけです。

自分自身で自分を受け入れ、評価する力を失うため、**自己受容力も自己肯定力も育ちにくい**状況にあると言えるでしょう。

そこで、自己受容力や自己肯定力をつけるために、ひとり言を使うことが有効になります。

「ここまでやったんだから、大したものだ」
「自分としては、よくやったと思う」
「ここまでよく頑張ったね！」

自分で自分を肯定し、受け入れるのです。

本当の自己肯定感は、自分自身の内側から生まれるものですから、ひとり言でつぶやくことがもっとも効果が高いということになります。

自己肯定を促すポジティブなひとり言を、ぜひ意識してつぶいてみて下さい。

自分で自分を認められるようになれば、他者からの評価などたいして気にならなくなるはずです。

◎「感謝を口にする」ひとり言

ポジティブなひとり言として忘れてはならないのが、「感謝の言葉」です。

「ありがとう」
「お陰様です」
「感謝します」

こうした人に対する感謝の言葉は、説明するまでもなく大事な言葉でしょう。

私自身、この年になると**両親や祖父母、さらには長年連れ添ってくれる妻に対する感謝の思いを、よけいに強く感じる**ようになってきました。

祖父母はもちろん、父親も昨年他界しました。

ですが、今の自分が存在し、幸せに生活できているのも、彼らのような先人が私に多くのお愛情を注ぎ、育ててくれたからです。この年になると、それがひしひしと感じられるのです。

一人になったときに、ふと「ありがとう」と、彼らに対する感謝の言葉が漏れるときがあります。その瞬間、この世にいないはずの父や祖父母がリアルな存在として心の中に蘇ります。それが、私自身の心の強さとか、自己肯定感につながっているような気がします。

感謝する気持ちを言葉にして、ひとり言でつぶやくことで、私たちは**生きる力をもらうことができる**のです。

皆さんも、ポジティブなひとり言をつぶやくことで、ぜひ自分自身の可能性と潜在的な力を引き出してほしいと思います。

第5章

talk to myself chapter-05

朝・昼・夜

時間別・効果的なひとり言

talk to myself

いつもと違う環境にいるときにひとり言が増える

さて、この章ではどんなとき、どんな場所でひとり言をつぶやくのが効果的かを考えていきたいと思います。

先日、ブラジルに10日間ほど仕事がらみで滞在しました。久しぶりの海外滞在で感じたのは、**環境が変わるとひとり言が増える**ということです。

ブラジルの公用語は、ポルトガル語です。その他に100以上の言語が使われていますが、英語はほとんど通じません。現地の人は、まったくと言っていいほど、英語が話せないのです。

当たり前ですが、言葉が通じないというのは不便なものです。ただ、不思議なもので、ここまで通じないと覚悟が決まります。

言葉はわからないけれど、なんとなく相手の表情や動き、雰囲気で、**私の脳が勝手に何をしゃべっているかを想像する**ようになりました。

おそらく言語を司る「左脳」よりも、直感的な「右脳」を働かせていたのだと思います。

相手が何を言おうとしているかがわかってきました。

こうなったら、日本語にも英語にも頼らないぞ、と自分自身に言い聞かせていたのですが、あるときふと、部屋でも外を歩いていても、私は日本語でひとり言をつぶやいていることに気づきました。

「あ、自分はこんなことを話したかったんだ！」

と、ひとり言で気づかされるのです。

皆さんも海外に行ったときに、同じような感覚を味わったことがあるのではないでしょうか。

いつもと違う環境に置かれたとき、人間は脳が活発に働き、ひとり言が自然に漏れ

るのではないかと思います。

逆にいうと、**自分の中の知らない自分と向き合う場合には、いつもとは違う場所、環境に身を置く**ことが大切です。

それによって自然とひとり言が増えてくるので、そのメッセージを逃さずチェックするといいと思います。

人が旅に出ると元気になったり、リセットして自分自身を取り戻しやすいのは、ひとり言を言う機会が増えるからではないでしょうか。

その意味でも、**ときには違った環境で、しかも1人だけ、という状況に自分自身を置く**ことがポイントになると考えます。

talk to myself

ひとりの「時間」と「空間」を設ける

「ひとり時間」と「ひとり言」は連動している――。

最近、そのように強く感じるようになりました。

若いときこそ、ひとり暮らしをしていたり、研究室にこもっていたりと、ひとりの時間が当たり前のようにありました。

ところが結婚して家庭を持つと、**家の中で「ひとり時間」をもつのが極端に少なくなります。**

職場での仕事も、研究というよりクリニックなどで患者さんに対応する仕事が増えています。看護士、その他の医療従事者の人たちとのやり取りも多く、純粋なひとり時間というのが取りにくいのです。

そんな中、1年ほど前から、親戚が持つ部屋をときどき利用させてもらっています。きっかけはコロナでした。仕事の出先でコロナ感染者が出て、私も感染している可能性があるということで、1週間ほど、その部屋に1人でこもったのです。

結局、感染していなかったのですが、私は居心地の良さにすっかりハマり、その後もときどき使わさせてもらっています。「なんだか旅行気分だな」とか、よくひとり言を言っています。

ひとりの時間を過ごすことで、新たな気づきもありました。

私は以前から「睡眠」に興味があり、「1日8時間睡眠」を心がけています。8時間しっかりと睡眠を取ると、次の日の体の調子、脳の調子が抜群に良いのです。

しっかりと眠るには、**眠るための準備が必要**です。

毎日夜の10時には就寝しているのですが、その**約2時間くらい前から、部屋の照明の明るさを徐々に落として**いきます。すると、視覚を通じて脳が夜を認識してメラトニンが出てくるので、眠くなってくるのです。

私は何時に、どれくらいの照明にすると、寝つきがいいとか、翌朝の目覚めの時間や爽快度などをデータとして記録しながら、ベストな睡眠環境を目指すことにしました。

家族がいる家と親戚宅のひとり部屋、旅行中のホテル、実家で母といるときなど、環境によってどのように睡眠が変わるかを、データを取りながら調べたのです。

自然と、自分の1日の時間の流れや環境と向き合うことになり、**自分との対話が増えた**ように思います。ひとりで過ごす経験がなければ、ここまで睡眠に向き合い、自分に向き合うこともなかったのではないでしょうか。

ひとりでいると、誰に気兼ねすることなく、思う存分、ひとり言を言うことができます。

「この時間に照明を落とすと、スムーズに眠りに入れるな」とか、「昨日はどうして寝起きがあまりよくなかったのだろう?」など、ひとり言は確実に増えました。

「ひとり時間」と「ひとり言」は、切っても切れない関係にあると言えるでしょう。

talk to myself

「寝る前」には自己肯定のひとり言を言う

他に誰もいない部屋で「ひとり時間」を過ごし、今日の1日の流れや出来事を振り返ってみてください。

「今日も1日頑張ったなぁ」「いいことがあってよかった」と、自分で自分を褒めたり、その日の出来事を振り返って自分を肯定してあげましょう。

自己肯定することで、不安がなくなるとともに、1日の出来事が記憶にしっかり定着します。すると、安心して寝つきがよくなります。

不安がなくなると、睡眠の質が上がることが、最近の研究でわかっています。意識してひとり言を言うことで、より自己肯定の効果が高まります。

では、悩みがあったり、落ち込んでいるときはどうすればいいでしょうか？

私は**ひとり言をつぶやくことで、気持ちを転換させる**ようにしています。

「いつまでもこの状況は続かない」
「大丈夫、必ず良くなる」

一種のおまじないのように、つぶやくのです。すると、自己暗示効果があり、気分がラクになります。

スマホで動画やＳＮＳを見ながら寝落ちするのではなく、寝る前の時間を使って、自分を認めたり、励ますひとり言をつぶやいてみて下さい。

翌日のパフォーマンスは、間違いなく上がるのではないでしょうか。

talk to myself

感謝のひとり言は効果てきめん！

自己肯定に加えて、寝る前には**「感謝の言葉」**をつぶやいてみてください。

「今日も1日無事に過ごすことができた。ありがとう」
「○○さんに親切にしてもらった。ありがとう」
「仕事を手伝ってくれてありがとう」

「ありがとう」という言葉を、寝る前の口ぐせにするとよいと思います。

私自身はこの年になると、自分の両親はもとより、祖父母やさらにその前の先祖の人たちへの感謝の思いが強くなります。

前述したように、自分の力だけで生きているというよりも、**彼らの命があって自分が生かされている感じがします。**

すると、肩肘張って頑張ったり、仕事で成果を上げて世に知られたりしなくても、「**生きているだけでいいんだ**」という気持ちになります。

どんなに自分が不遇だったり不幸だったりしても、先祖にとっては自分が生きて存在するだけで彼らの存在証明になるんだ、と思えるようになるのです。

そんなことを考えながら、「**おやじありがとう**」「**おふくろありがとう**」「**じいちゃんばあちゃんありがとう**」とつぶやいています。

皆さんも照れくさがらずに、声に出して感謝の言葉をつぶやいてみて下さい。

きっと、彼らのことが脳裏に浮かぶはずです。

そして彼らが作ってくれた未来の時間に感謝し、自分の役割や使命を感じるでしょう。

これこそ**究極の自己肯定感**だと思います。

ちなみに、前にお話ししたように、親戚の部屋を借りて〝ひとり暮らし〟をするようになって、妻への感謝の気持ちや、家族に対する感謝の気持ちも強くなりました。本当はその気持ちを面と向かって伝えるのが理想ですが、私は照れくさくてなかなかできません。

そういう人がほとんどだと思いますが、ならばせめてひとり言でつぶやいてみて下さい。

自分の気持ちが変わるのはもちろん、相手との関係性もいい意味で変わってくるはずです。

寝る前に、感謝のひとり言をつぶやくことをお勧めします。

talk to myself

「目覚めたとき」におすすめの言葉

皆さんは毎朝、どんな感じで目覚めていますか？

前夜に更かしして、けたたましい目覚まし時計の音で起こされ、バタバタと急いで会社に向かう……。

こんな朝を過ごしている人も少なくないのではないでしょうか。

私は夜の9時や10時には眠りに就いているので、朝は余裕を持って目覚めることができています。

じつは、**この目覚めの時間こそ、気づきと発見のゴールデンタイム**です。

私は**窓のカーテンを開けたまま寝る**ことにしています。すると、朝の光が部屋に入り、明るくなります。

睡眠から目覚めるとき、脳は周囲の明るさを感知し、覚醒物質であるセロトニンが脳内から分泌されます。これによって、**睡眠状態からスムーズに覚醒状態に移行できる**のです。

このとき、完全に覚醒した状態ではなかなか表に出てこない深層意識が残っていて、そのメッセージが届きやすい状態です。

私はこの時間帯に、**いろんなことを思いつくことが多い**のです。

「そうだ、あの研究はこうしてデータを取ればうまくいくかもしれない」という、仕事上のこともあれば、「将来、故郷の新潟に拠点を作るのもいいな」など、将来の方向性に関することなどもあります。

新鮮な思いつきや発想が生まれやすいので、それをひとり言でつぶやいてやれば、**意識と記憶にしっかりと残す**ことができます。

さらに覚醒が進んだら、今日1日の予定を頭の中で描き出します。

午前中はあれとこれをして、午後はあそこへ行って……。

人によっては、朝会社に着いてから今日やることのリストをチェックするのでしょうが、**朝の布団の中で予定を整理しながらつぶやくことで、1日のモチベーションを高める**ことができます。

「よし、今日も1日頑張ろう!」

やるべきことがクリアになった状態で、自分を鼓舞する言葉をつぶやけば、やる気も高まり、充実した1日を過ごすことができるはずです。

talk to myself

「散歩中」につぶやくと脳が活性化する

ひとり言をつぶやくのに適したシチュエーションとして、**散歩しているとき**を挙げたいと思います。

私が散歩好きであることは、すでにいろんな場所で話したり、書いたりしていますからご存じの方も多いでしょう。

1日5キロ以上歩くことを日課にしています。体を動かすことで、「運動系」脳番地が刺激されることはもちろんですが、周囲の景色を見たり、音や匂いといった情報が五感を刺激してくれます。

「視覚系」、「聴覚系」、「伝達系」から「理解系」、「感情系」まで、脳がフル回転します。

しかも、のんびりと歩くことで、一種のリラックス効果が加わるので、ますます脳の働きがよくなるのです。

散歩をしながら、公園で楽しげに遊んでいる子どもたちを見れば、思わず「可愛いねぇ」とつぶやき、花が咲いているのを見たら「きれいだなぁ」とつぶやく。鳥のさえずりや虫の音なども、普段は気にしないけれど、耳に入ってきます。感性的な右脳が動き出すと同時に、「感情系」脳番地が働いて、心が生き生きとしてくるのを感じるでしょう。

このような状況は、まさに**ひとり言にとっては最高の環境**です。

歩きながらその様子を、**ぶつぶつと実況中継する**のもお勧めです。これは右脳というより、左脳が刺激されます。

目につく建物や看板、道行く人たちの様子を実況したり、面白い光景や美しい景色を口に出して表現してみるのです。

「目の前に、ずいぶん大きな建物が見えてきました。マンションでしょうか？　いや、どうやら商業ビルのようです。中から人が出てきましたね。ビジネスマンが多いので、会社がたくさん入っているのでしょう。ちょうど昼休みで食事に出かけるところでしょうか？」

という具合に、〝実況つぶやき〟をしてみて下さい。

言語中枢が刺激されるとともに、「記憶系」脳番地が活性化し、後からでもそのときの状況をアリアリと思い出すことができるはずです。

歩くという運動をしながらなので、脳活としては最高の方法でしょう。

talk to myself

「移動中」に次の予定をつぶやくと計画的に行動できる

記憶するときは、「**体を動かしながらやると覚えやすい**」といわれます。運動することで脳が活性化するため、記憶力もアップするわけです。

この特性を利用して、歩きながら英単語をつぶやいたり、料理をしながら歴史の年代をつぶやいて暗記をするというのもありでしょう。

私は**移動するときに、次の予定や計画などをつぶやいています。**

朝、マンションからクリニックに向かうときは、「まず、スタッフに書類を揃えるように仕事を頼まなきゃ」とか、「今日は何時に誰が来るんだっけ?」、「あぁ、そうだ。Aさんが10時に来るんだ」、「午後は都内で会合があるんだな」などと、ブツブツとつぶやきながら歩きます。

つぶやいているうちに、**1日の仕事の流れが整理され、すんなり仕事を始めることができる**のです。

逆に、家に帰るときも、「家に帰ったらまず夕刊を読もう」、「テレビで夜のニュースをチェックしなきゃ」と、帰ってからやることをつぶやきます。移動中のひとり言は、**移動の時間を有意義に使いながら、次の行動をスムーズに行える**点で一石二鳥といえるでしょう。

もちろん、すぐ先の予定ではなく、将来の夢など未来のことでも効果があると思います。

「来年の春には必ず〇〇の資格を取ろう」
「いつかきっと庭付きの一軒家を買うぞ」
「将来、脱サラして会社を立ち上げよう」

体を動かしながら、自分に言い聞かせることで、自然と「記憶系」脳番地に刻み込まれて、**脳がその目的に向かって動き出す効果がある**のです。

talk to myself

「お風呂」でリラックスしているときにつぶやく

お風呂などでリラックスしているとき、思わず鼻歌などを歌いませんか？ **鼻歌も、ひとり言の一種**だと考えていいと思います。

誰に聞かせるのではなく、自分が歌って自分が聴く。ひとり言も相手がいないのに口に出すわけですから、似たようなものでしょう。

お風呂に入って気持ちがリラックスする時間は、ひとり言タイムでもあります。気分の良さに任せて、いろいろつぶやいてみることをお勧めします。

温泉と違い、家のお風呂は基本的に１人が多いでしょうから、そのこともひとり言をつぶやくのにはうってつけです。

夜のお風呂は、1日の出来事を振り返るのにも都合がいいでしょう。

「今日はけっこう疲れたなぁ」
「しかし、あの部長の言っていることはよくわからないぞ」
「あぁ、あんなこと言わなきゃよかった」

1日の出来事を思い出し、自分なりに評価を下すのです。

ちなみに、お風呂は裸になって入りますが、これもひとり言にはうってつけです。着ていた服を脱ぐことで、**自分を守っていた心を鎧も取り去られる**からです。生まれたままの素の自分をさらけ出しているわけですから、**本音や本心が出やすい環境**です。抑えていた深層意識も、表に出てきやすいでしょう。

お風呂で無意識に出てきたひとり言は、あなたの本心や願望のはず。ふだん気づかない真の自分を発見するきっかけになるかもしれません。

talk to myself

「テレビ」を見ながら突っ込みを入れる

テレビを見ているとき、思わずブツブツ、つぶやいていませんか？

「またこのタレントが出てるのか！」
「今さらこんな話を取り上げてどうするの？」
「つまらないコメントが多いなぁ……」

私もよくテレビに向かってつぶやきますが、感心したり、感激して言葉を漏らすことよりも、なにかしらに**突っ込みを入れている**ことがほとんどです。

ある意味、テレビは突っ込まれることが役割のようなところもあります。つぶやいている分には、**誰も直接攻撃したり傷つけたりするわけではありません。**それで発散しているならば良しとしましょう。

漫然と見ているよりは、口を動かし、声を出すことで脳が刺激され、より積極的に視聴していることになります。

脳にとっては、黙って見ているよりははるかにいいのです。

もしかすると、最近番組に対するクレーマーが多いのは、1人でつぶやくことがあまりできていないからかもしれません。

ひとり言で文句を言っていると、それによってガス抜きができます。それをしないで、溜まりに溜まって直接の行動に出るということも考えられます。

とはいえ、単に文句を言うだけではつまらないですから、建設的なひとり言に発展させてみたらどうでしょうか。

「もっと、大人が見ても面白いコンテンツを入れるべきだな」

「お笑い芸人に頼った番組構成を変えるには、どうしたらいいだろう?」

「外国の情報番組は、どんな感じなんだろうな？」

具体的な改善策を言ってみたり、提案型のひとり言に変えていくのです。

悪口や悪態はそれだけで終わってしまい、発展性がありません。脳自体が一種の判断停止状態になります。

だったらこうしようとか、こうすればいいのではないか、など、**どんどん思考が広がっていくような建設的なひとり言**を心がけたいものです。

MCは あの人が いいかも
そこ、もっと掘り下げたい！

talk to myself

「スマホ」を見ながら内言語でつぶやいてみる

電車に乗って、自分の向かい側に座っている人を見ると、だいたいの人がスマホをいじっています。

ゲームをやっていたり、SNSをやっていたり、調べ物をしていたり……。

いずれにしてもインターネットを利用しています。

考えてみると、私たちは仕事時間もプライベートも、**インターネットと向き合って暮らしています。**

そこで気をつけなければならないのが、**インターネットの脳への悪影響**です。

インターネットを使っている最中、一見私たちは脳を働かせているように感じます。

たくさんの情報に触れ、それだけでも賢くなった気がします。

ところが、じつは**脳はそれほど働いていない**のです。どうやらインターネットなどのデジタルツールに対しては、脳自体があまり刺激を受けないようなのです。

でも、これはちょっと想像したらすぐわかりますよね。

今はグーグルを使えば、世界中の街を散策することができます。自宅の部屋に居ながら、どこでも旅行に行けるようなものです。

ですが、たとえ同じ光景であったとしても、**実際に自分の足でその地を歩き、その肉眼で街の景色を眺めた場合の方が、比較にならないくらいの刺激を受けます。**

インターネットでどんなに大量の情報に触れたとしても、自分の体を動かし、あらゆる五感を通して感じる現実世界からの一次情報の刺激には適いません。

インターネットにどっぷりつかっている私たちは、**一方的に流れてくる情報をただ受け取るだけ**です。

体を使って、情報を取りに行くということを忘れてしまいがちです。

とは言っても、今やインターネットを活用しなければ、仕事もプライベートでも支障をきたしてしまいます。

私の提案は、**ひとり言をつぶやきながら、インターネットを使う**ということです。先ほどの実況中継的なひとり言でもいいでしょう。あるいはテレビ番組に突っ込みを入れるときのように、さまざまなことに突っ込みを入れながら操作することでもいいでしょう。

オフィスでは、さすがに声に出すのははばかられますから、**内言語でつぶやく**といいかもしれません。

漫然とスマホでネットを見るよりも、脳ははるかに動くようになるはずです。

talk to myself

「アルバム」を見ながら思い出をつぶやく

昔の写真やアルバムを見ながら、思わず「こんな若いときがあったんだね」、「うわー、懐かしい！」と、つぶやいた経験は誰もがあるでしょう。

ユーミンの「卒業写真」という曲があります。私たちの世代なら知らない人はいない名曲です。

卒業して都会に暮らす主人公が、孤独の中で落ち込んだとき、卒業アルバムをめくる。好きだった人の優しい顔を見て昔を思い出し、元気づけられる——。

古い写真やアルバムを見ると、昔の自分を振り返ることになります。すると、**現在の自分を客観的に見つめ直すきっかけになったり、励まされたりします。**

また、自分だけでなく、自分の周りの家族や友人たちの若くて楽しかったエピソードが思い出されます。

「あのときこんな服を着ていたっけ」

「そういえば、皆でこんなところに行ったな……」

「記憶系」や「理解系」、「感情系」の脳番地が刺激され、脳全体が活発に働き出します。すると、思わずひとり言が口をついて出てしまうわけです。

「古い写真」と「ひとり言」はいわばセットのようになっています。

それは忘れかけていた自分自身と出会うからでしょう。

思う存分、ひとり言を言うことで、癒され、心が和んできます。同時に、「**よし、頑張るぞ」という元気が湧いてきます。**

時折、古い写真やアルバムをめくって、ひとり言をつぶやいてみて下さい。

talk to myself

「鏡」を見ながら感じたことをつぶやく

朝、顔を洗っているとき、女性ならお化粧をしているとき、鏡に向かいますね。今の自分自身と、視覚的に向き合う貴重な時間です。

鏡を通して自分と向き合っている時間に、ひとり言をつぶやくのもとても効果的です。**目の前の自分の姿を見ながら、感じたことを素直に表現してみましょう。**

「おっ、今日は調子がいいみたいだね」
「昨日は飲みすぎだよ、顔がむくんでるなぁ」
「ちょっとしわが目立ってきたかな?」

鏡に映った自分の顔などの様子を観察し、それを分析したり、評価したりすることで、脳が一気に働き出します。

朝の時間は、1日の活動のためのアイドリング時間でもありますから、**鏡を見ながら今日1日の予定などをつぶやく**ことも効果があります。

「今日は大事なプレゼンの日だな。よし、気合いを入れていこう」
「午後の会合には15分前に行って、しっかり名刺交換しておこう」
「企画書を今日中に仕上げるぞ！」

口に出すことで、その日の仕事のイメージが湧くため、スムーズに仕事がはかどるはずです。

そして寝る前、歯を磨くときなどに再び、鏡と向き合います。夜は今日1日を振り返るのに良いと思います。

「いやぁ、今日はいい仕事ができたな」

「新しいクライアントができた。よかった、よかった」

と、自己肯定をすれば、「記憶系」脳番地を通じて1日の出来事がインプットされ、安らかな眠りにつけるのではないでしょうか。

「もう少し、しっかり説明できたらよかったな。次はもっとうまくやろう」

と、**反省をしながら、次へつながるひとり言をつぶやく**のもよいでしょう。

鏡を見たら、ぜひ、ひとり言をつぶやいてみて下さい。

talk to myself

「本」を読みながら自分の推理をつぶやく

本を読むときは、声を出さず、「黙読」するのが一般的でしょう。

でも昔は、**本を読むというのは、「音読」のことを指していた**という研究者もいます。

声に出して読むということは、「視覚系」や「伝達系」、「理解系」、「思考系」の脳番地をすべて連動させますから、脳には大変な刺激となります。


さて、本を読んでいると、さまざまな情報やストーリーが頭に入ってきます。

そこから頭の中でイメージを膨らませたり、論理的に理解しようとします。

そのとき脳はさまざまな活動をしているわけですが、ひとり言をつぶやくことでそれを促進してやることができます。

音読とは違いますが、**ブツブツとひとり言をつぶやきながら本を読む**ことをお勧めします。

「なんで著者は、ここでこういう結論を出したのか？」

「なるほど、でもこういう見方もあるんじゃないの？」

疑問形でつぶやくのもいいでしょう。そこから、それに対する答えをみつけるために、思考がさらに広がります。

小説などを読んでいると、登場人物がたくさん出てきたりして、ストーリーが混乱する場合もあります。

「この人物が、前に出てきた〇〇の恋人だ」

「そうか、だからあのときこんなエピソードがあったわけね」

時折、ひとり言をつぶやきながら、**情報を整理し、登場人物やストーリーを頭の中で整理していく**のです。

また、ストーリーの展開を予想したり、推理小説なら自分の推理をつぶやきながら読むのも、小説をより楽しく読む手助けになります。

「このエピソードって伏線になっているんじゃない？」

「きっとこいつが犯人だな。だって……」

ひとり言をつぶやきながら本を読むことで、より内容を理解し、記憶に定着させることが可能になると思います。

talk to myself

「ペット」や「植物」の前で語りかける

ペットを飼っている人は、よくペットに語りかけます。

「どうしたの？　お腹が減ったのかな？」
「おおどうした？　散歩に行きたいか？」

ペットはときにそれに対して鳴いたり、尻尾を振ったりして反応しますから、それ自体はひとり言とは少し違います。ただし、言葉でのやり取りはできないので、一方通行的なところはひとり言に近いといえるでしょう。

より**ひとり言に近いのは、草花や植木など、植物に話しかける場合**です。

「よし、水をあげようね」
「もっと光が欲しいかなぁ」

植物は動物と違って、とくに顕著な反応はありませんから、はたから見る限りはひとり言にかなり近い状態になると思います。

ではここで、ペットや植物を相手に、あたかも相手が反応し、答えてくれるようにイメージしながら話してみましょう。

「いやぁ、散歩に行きたいですよ」
「そうそう、水を待っていたんですよ。ありがとう」

もちろん、相手はこんなことを言っていないわけですが、そう言うのではないかと想像しながら話しかけるので、**実際に会話をしている以上に脳が働いている**可能性があります。

このとき脳は、まずペットや植物の様子を見ることで「視覚系」や「聴覚系」の脳番地が刺激され、それが「伝達系」で「理解系」や「思考系」脳番地に伝わり、活性化します。

「理解系」や「思考系」で情報を理解し、判断して、再び「伝達系」を通じて発語し、「よし、水をあげようね」などと話しかけます。

その後、「思考系」脳番地が活性化して、相手の言葉を想像し、「理解系」「感情系」を使って、「そうそう、水を待っていたんですよ」と返すのです。

ペットや植物に話しかけることは、脳にとって大変な刺激となり脳を成長させてくれるのです。

talk to myself

「亡くなった人」や「先祖」に話しかける

幼い頃、よく祖母が仏壇に手を合わせてお経を読んだり、死んだ先祖に向かって話しかけたりしていました。

そばで見ていると、ブツブツとひとり言を言っているようにも見えましたが、死んだ祖母の両親や先祖に対する思いが伝わってきました。

もうすでにこの世にいない人たちへのささやきかけは、広い意味でのひとり言と言っていいと思います。

「今日も一日、無事で過ごせますように。よろしくお願い致します」
「今日も一日、何事もなく過ごせました。ありがとうございました」

朝のささやかな祈りと、お願い。そして夜の報告と感謝の気持ち。

祖母のつぶやきは日課のようでもあり、それが**祖母自身の支え**でもあったようです。

お供えをするときも、つねにささやきかけます。


「どうか食べて下さい」

「大好きだったスイカだよ」


ひとり言を通じて、死者がそこにいるような気持ちになります。

いや、祖母にとっては目にこそは見えないけれど、**話しかけることで実在させていた**のだと思います。


昨年父が亡くなり、今は母がかつての祖母のように、朝昼晩と食事やコーヒーまで用意して、遺影に向かって語り掛けています。その姿を見て、私も祖母の心境を理解できるようになりました。

肉体こそありませんが、私の中で父親は生きています。その父に向かって心の中で話しかけることが多くなったように思います。

「お父さんの頑張りは世界一だよね」

「お父さんの頑張りを受け継ぎますね！」

などと言って、頑張ることを信条としていた父を思い出しながら、自分もエネルギーをもらっています。

私は般若心経が詠めるので、口に出して唱えることもあります。考えてみれば、**般若心経も長いひとり言のようなもの**でしょう。亡くなった人にささやきかけることで、自分の心の中で彼らはいきいきと生き続けます。

おそらく昔の人は、そうやってささやきながら、リアルな存在として対話を続けていたのでしょう。

そのつながりが生きる力を強くし、脳自体も強くしていたのだと思います。

ぜひ亡くなった人や先祖に対して、ささやきかけてみてほしいと思います。

第6章

talk to myself chapter-06

ひとり言による自分脳改革

talk to myself

すべての答えは自分の脳の中に眠っている

ここまで、ひとり言の効用や有効な使い方についてお話ししてきました。ひとり言のイメージが大きく変わったのではないでしょうか?

禅の言葉に「回《え》光《こう》返《へん》照《しょう》」という言葉があります。

回光とは光を戻すという意味です。そして光とは仏性のこと。返照とは光を当てて照らすということです。

つまり仏性はもともと自分の中にあるのだから、**自分に戻って自分自身を照らしてみなさい**ということです。

禅ではすべての大切なこと、すなわち仏性は本来自分の中にあると説きます。

ですから、**外側に真理を求めるのではなく、自らの内側に真理を求めなさい**ということです。

この考え方は、まさに私の脳に対する考え方と同じです。

じつは脳には、さまざまな知恵や力が眠っていて、それを掘り出してくるだけで、問題も悩みも解決できると考えています。自ら認識している以上に、**あなたの脳は賢者**なのです。

ところが、得てして人は、自分の内なる光に気がつかず、外側に答えを求めてしまいます。

必死になって情報を求め、そこに答えがないかどうかを探そうとします。

とくに現代のような超情報化社会になると、さまざまな情報が溢れていますから、ついついそれに流されてしまいます。

世の中の情報をうのみにすると、不安に苛まれがちです。

老後資金は2000万円以上ないといけない、これからは投資をしないと生き残れない、子どもはとにかくいい大学に入れないと将来苦労する……。

人々の不安をことさらに煽り、それによって利益を得ようと考える人たちがいます。それに乗せられて、いろんな商品や情報を購入してしまうのです。

外側に光を求めているうちは、いつまでたっても不安はなくなりません。

誰かに新たな不安の種をまかれてしまうと、それがすぐに大きく育ってしまいます。

今のような時代こそ、私たちは内なる光を探し出し、それによって自分自身を照らさなければなりません。

自分の中の光とは、あなた自身の脳みそだということです。

ひとり言はまさに自分の中の光を探し、それと向き合うための手段なのです。

talk to myself

正しいか正しくないかは自問自答して見極める

最近とくに感じるのは、**情報の偏り**です。

とくに新聞やテレビなどのマスメディアの情報が、どうも信用できません。

新型コロナの感染が広がった頃から、そう感じる人が増えているのではないでしょうか？　それがロシアとウクライナの戦争、イスラエルとハマスの衝突のような事態になると、余計にそう思います。

ロシアが悪であり、ウクライナがすべて正しいかどうかはわかりません。イスラエルとハマスに関しても、どちらか一方を、簡単には断罪できない歴史的な蓄積があります。

ところが、流れてくる報道は一方に偏っているように感じるのは、私だけでしょうか？

マスメディアがあてにならないなら、ネットで情報を探せばいいかというと、これはこれで玉石混交です。

にわかには信じがたいような、陰謀論なども飛び交っています。

先ほどの話ではないですが、**外に情報を求めていると、何が真実かよくわからなくなります。**何が真実で、何が嘘なのか？　与えられる情報だけでは、なかなか真実がわからないのです。

私自身は自分のつながりの中で、本当に信頼できる人からの直接の情報を一番大事に考えています。やたらと情報を取り入れるのではなく、**絞り込むという作業**です。

自分が信頼している人からの情報や意見を参考にし、そのうえで、その人がどうやって情報を得ているかを聞き、参考にします。

そして、やはり最後は自分の頭で考えることが大切です。自分の中の基準に従って、自分で考え、判断するのです。

自分の頭で考えるということは、**自分の頭の中で自問自答を繰り返すこと**でもあります。すると、ここでもひとり言が大きな力を発揮してくれるのです。

talk to myself

他人のひとり言にも真実がある

自分のひとり言に敏感になると、不思議と他人のひとり言にも敏感になります。

ひとり言は無意識のことが多いですから、意外な本音や真実がちょっとした言葉に表れていることがあります。

ビジネスパーソンなら、ぜひ**周りの人たちのつぶやきに注意してみる**べきでしょう。

会社であれば上司や同僚、部下といった組織の中での彼らのつぶやきに耳を傾ける。社外であれば、お客さんやクライアントのひとり言に注意を向けるのです。

それがヒントになり、コミュニケーションがスムーズにでき、仕事がうまくいくこともあるでしょう。

新製品や企画の発想のきっかけにもなったりします。

ひとり言には、**ふとした拍子に口から出た言葉もあれば、その人がよく漏らす口癖のようなものもあります。**

「やってられないよ」
「どうすればいいっていうの？」
「きついですねー」

彼らの口癖をキャッチし、その後の彼らの行動や言動に注意を払ってみて下さい。するとと、どういう場面で、どういう精神状態のときに、どんな口癖を漏らすかがわかってきます。

面白いのは、**言葉の「表現」と、隠し持つ「本心」はけっこう裏腹で、じつは逆のときも多い**ということです。

「やってられないよ」と言いつつ、じつはやる気満々のときに決まって反対のことを言う人もいます。

「頑張るしかないか」と言いつつ、本当は一番テンションが下がっているときの言葉だったりします。

そういう特徴がわかれば、相手の本心を見極めることができるのです。

他人のひとり言の分析が、今度は自分のひとり言の分析にも役立つようになるでしょう。

自分のひとり言がよくわかるようになれば、またさらに他人のつぶやきをキャッチする能力が高まります。

そういう相乗効果が生まれてくると思います。

自分との対話こそが一番豊かなコミュニケーション

世の中で成果を上げ、活躍している人ほど、「**自分との対話**」**が上手にできる人**だと考えます。

それはビジネスの世界であれ、職人や芸術家の世界であれ、あるいはスポーツの分野でも同じでしょう。

なぜなら、これまで述べてきたように、**自分の中に答えと真実があるわ**けですから、当然と言えば当然のことなのです。

イチロー選手は、自分の調子がいいときのバッティングフォームを覚えていて、つねに今の自分がそのときとズレていないかをチェックしていたそうです。

肩の位置が下がっていないか、手の位置、顔の向け方、足の開き方……。

細かくチェックして、少しでもズレがあると、その都度修正する。だからこそ、あれだけ年間を通じてヒットを打つことができたわけです。

おそらく大谷選手も、自分なりのピッチングとバッティングフォームの型をしっかりと記憶し、自分で自分をチェックしているでしょう。

一流選手が一流として活躍できる背景には、つねに自分との対話があるわけです。彼らは声にこそ出さずとも、頭の中でひとり言をつぶやいていたはずです。

芸術家などは、まさにその典型といえます。

真の芸術家は、それこそ「外」に答えを求めません。自分の「中」にある美的感覚と創造性を頼りに、まったく新しい表現を求めるわけです。**そのオリジナリティは、自分との対話の中からしか生まれない**ものなのです。

私はシュールレアリズムの絵が好きですが、現実を超えた超現実、非現実の世界を描こうとする芸術家は、まさに表現者としての先駆者であり、パイオニアです。

彼らはときに、自分の深い内面へと入り込んでいきます。そこは無意識の深層であり、言葉を超えた世界です。

アーティストは「自分との対話」――つまり、**ひとり言の達人**でもあるといえるでしょう。

私のような科学者も、これまで発見されていない未知の法則や理論、技術を創り出すという意味では、同じだと考えます。

やはり自分とのコミュニケーションの中で、新しい気づきや発見が生まれます。

もっとも豊かなコミュニケーションは、「自己との対話」ではないか、と私は思っています。

talk to myself

誰もが自分の脳と会話し、脳を進化させることができる

重要なことは、このような創造的な作業は、一部の限られた人たちだけのものではないということです。

なぜなら、**人間であれば誰しもが脳を持ち、自分自身と対話すること＝「つぶやき」ができる**からです。

それによって、より創造的な生き方ができるのです。

そう言うと、「いやぁ、私なんてとてもそんなクリエイティブな思考はできないよ」とか、「私は決して頭のいい方じゃないから……」と否定する声が聞こえてきそうです。

ただし、それがとんでもない間違いであるということが、私の脳研究で証明されました。

私はこれまで1万人以上の人の脳を、MRI脳画像を使って分析してきました。画像を使って、クリニックを訪れる人たちを診断・治療してきました。

そこから得られたのが、以下の3つの結論です。

①脳には個性がある
②脳の形は日々変化する
③脳は使えば使うほど成長する

この中で、もっとも皆さんに訴えたいのは、③の「**脳は使えば使うほど成長する**」という結論です。


かつて、人間の脳は3歳になるとほとんど成長が止まり、大人になるともう脳は成長しないと考えられていました。

これはとんでもない間違いです。

たしかに、3歳までに脳細胞自体は揃うのですが、**脳が機能するのはそれらが複雑**

にネットワークを築き、情報を交換し合うことができてからです。

その意味では基本的なネットワークができるのは、30歳前後であり、さらにそれから**応用力として、脳全体を使う力が伸びていく**のです。

とくに判断力を司る「超前頭野」は、40代以降にその旬を迎えます。しかもこの部分は、100歳を過ぎても成長を続けることがわかっているのです。

talk to myself

脳画像で読み解く脳の成長力

脳には個性があるということは、多くの人の脳画像を見ると、一目瞭然でわかります。どれ一つとして、同じ形のものはありません。

面白いのは**職業によって、脳の成長している部分が異なり、それが本人の能力や適性となっている**ということです。

ちなみに、ＭＲＩで見ると、脳が成長している部分は、黒く見える一方、未発達なところは白く見えます。

アナウンサーの仕事をしている人は、脳の「聴覚系」や「伝達系」脳番地が非常に発達していました。

レーシングドライバーの脳画像を見たら、高速走行に必要な視覚情報を脳に取り込むため、前頭葉の「視覚系」脳番地が発達をしていました。

ある有名な学者の脳を調べたところ、記憶の中枢である海馬の大きさが、同年代の平均の1・5倍もありました。


脳は日々変化し、成長します。


かつてある歯科医の人が、これから執筆や講演をしたいということで、私のもとを訪ねてきたことがあります。

彼は話すのも得意ではなく、文章もさほど書いた経験がないというので、脳画像を調べてみると、確かに「伝達系」脳番地の発達具合がいまひとつでした。

ところが数年後、彼の脳を再び見て驚きました。

すでに、**講演をこなし、本を何冊か執筆していた彼の「伝達系」脳番地は著しい成長を遂げていた**のです。


また、本を読むのが好きなある女性は、引っ込み思案で行動力に欠けることに悩み、相談に来てくれました。

そこで私は、休日にいろんな場所に出かけることを勧めました。

1年後、彼女の脳を画像で見たところ、脳全体が発達していた中で、**とくに左右の「運動系」脳番地と、右脳の「視覚系」脳番地が著しく発達していた**のです。

このように、脳はいくつになっても適度な刺激を与えることで、いくらでも成長する器官なのです。

適度な刺激といっても、**大きな負荷をかける必要はありません。**

ふだんの生活を少し変えるだけでも、脳はどんどん変化していきます。

1日30分朝の散歩をする、でもいいでしょう。英会話を習うとか、スポーツをして体を動かす、でもいいです。

本を読む時間を増やしたり、毎日誰かと雑談するだけでも、脳はすぐさまそれらに対応し、変化するのです。

talk to myself

ひとり言こそ脳を成長させ、能力を高めるカギとなる

今回、本書で取り上げた「ひとり言」に対して、どちらかというと**悪いイメージ**を持つ人も少なくないと思います。

ブツブツ話していた気味が悪いとか、うるさいから静かにしてほしいと直接言われたことがある人もいるのではないでしょうか。だから、**ひとり言を言わないように注意している、**という話も聞いたことがあります。

しかし、脳の見地からいえば、これまで述べてきたように、ひとり言とは自分自身との対話であり、**対話を通じて脳をフル回転させ、成長を目指していくきっかけになる行為**であることがわかっていただけたと思います。

そんな力を秘めたひとり言は、**何の準備をしなくても、特段の才能がなくても、つぶやくことは誰でもできます。**声を出すのはちょっとはばかられるときは、内言語でつぶやけばいいのです。

ぜひ皆さんも、ひとり言を生活の中に取り入れてみてほしいと考えます。

おわりに

人間と動物の違いはなんでしょうか？

いろいろあると思いますが、大きな違いとして、人間は言語を持ち、他者と密にコミュニケーションを取ることがあります。

人間はおそらくほとんどの動物よりも、運動能力では劣るでしょうが、コミュニケーションを取り、互いに協力し合うことで厳しい自然環境と弱肉強食の世界で生き抜いて来たわけです。

「人間は社会的動物である」という言葉がありますが、一個体としての脆弱さを、社会を築き上げることで補ってきたのです。

「ひとり言」は、そんな社会性と無関係な、孤独なつぶやきに思えます。

しかし、今回いろいろと検証するなかで、**じつはコミュニケーションの基礎を作る、大事な訓練である**ことがわかってきました。

ひとり言によって成長し、ひとり言によって支えられている

考えてみれば、赤ちゃんが最初に言葉を発するのは、限りなくひとり言に近いでしょう。大人たちの発する言葉を理解し、声に出して真似てみる。

「あー、あー」

最初こそ意味のない音だったのが、いつしか「ママ、ママ」という単語を覚え、「おなかすいた」とか「ごはんおいしい」など、ブツブツ口の中でつぶきながら、次第に言葉を学んでいくわけです。

そこには日々成長する赤ちゃんの脳と、声帯や口の筋肉、声を聞き取る聴覚などとの連携や情報のやり取りがあるはずです。

おそらく私たちのひとり言も、脳の中の思考のやり取りと「伝達系」や「運動系」脳番地がつながる中で、情報を交換し、さらに思考を深化させているのだと思います。

じつはこの**孤独な作業こそが、人間が他者とのコミュニケーションを発達させ、文化を作り上げてきた根源**のような気がします。

人はひとり言によって成長し、ひとり言によって支えられている。

ひとり言の持つ、脳を成長させる力をひとりでも多くの人たちに知ってもらいたい——。そう考えて本書をまとめたつもりです。

皆さんの人生に、少しでもお役にたてれば幸いです。

［参考文献］

kato T, Kamei A, Takashima S, Ozaki T. (1993) Human visual cortical function during photic stimulation monitoring by means of near-infrared spectroscopy. Journal of Cerebral Blood Flow and Metabolism. 1993;13:516-520. DOI: 10.1038/jcbfm.1993.66

Kato T. (2006) Apparatus for evaluating biological function. U.S. Patent No 7,065,392 (Washington, DC: U.S. Patent and Trademark Office)

Kato T. (2018) Vector-Based Approach for the Detection of Initial Dips Using Functional Near-Infrared Spectroscopy, Neuroimaging - Structure, Function and Mind, Sanja Josef Golubic, IntechOpen,DOI:10.5772/intechopen.80888. Available from: https://www.intechopen.com/chapters/63385

Arai M, Kato H, Kato T. (2022) Functional quantification of oral motor cortex at rest and during tasks using activity phase ratio: A zero-setting vector functional near-infrared spectroscopy study. Front Physiol. 13:833871. DOI:10.3389/fphys.2022.833871.

カバーデザイン
金澤浩二

本文デザイン・DTP
鳥越浩太郎

カバーイラスト
白根ゆたんぽ

本文イラスト
三重野愛梨

編集協力
本間大樹

［著者略歴］

加藤俊徳（かとう・としのり）

脳内科医、医学博士。

加藤プラチナクリニック院長。株式会社「脳の学校」代表。昭和大学客員教授。発達脳科学・MRI脳画像診断の専門家。脳番地トレーニング、脳活性音読法の提唱者。

14歳のときに「脳を鍛える方法」を求めて医学部への進学を決意。1991年に、現在、世界700カ所以上の施設で使われる脳活動計測「fNIRS（エフニルス）」法を発見。1995年から2001年まで米ミネソタ大学放射線科でアルツハイマー病やMRI脳画像の研究に従事。発達障害と関係する「海馬回旋遅滞症」を発見。独自開発した加藤式脳画像診断法を用いて、小児から超高齢者まで1万人以上を診断。脳の成長段階、強み弱みを診断し、薬だけに頼らない脳番地トレーニング処方を行う。

著書に、『一生頭がよくなり続ける すごい脳の使い方』（サンマーク出版）、『1万人の脳を見た名医が教える すごい左利き』（ダイヤモンド社）、『脳の名医が教えるすごい自己肯定感』（小社）など多数。

加藤プラチナクリニック公式サイト　https://nobanchi.com
脳の学校公式サイト　https://nonogakko.com

なぜうまくいく人《ひと》は
「ひとり言《ごと》」が多《おお》いのか？

2024年3月1日　初版発行
2024年4月29日　第2刷発行

著　者　加藤俊徳

発行者　小早川幸一郎

発　行　株式会社クロスメディア・パブリッシング
〒151-0051 東京都渋谷区千駄ヶ谷4-20-3 東栄神宮外苑ビル
https://www.cm-publishing.co.jp
◎本の内容に関するお問い合わせ先：TEL（03）5413-3140／FAX（03）5413-3141

発　売　株式会社インプレス
〒101-0051 東京都千代田区神田神保町一丁目105番地
◎乱丁本・落丁本などのお問い合わせ先：FAX（03）6837-5023
service@impress.co.jp
※古書店で購入されたものについてはお取り替えできません

印刷・製本　株式会社シナノ

©2024 Toshinori Kato, Printed in Japan ISBN978-4-295-40942-7　C2034